ESSAI

SUR LA PROPAGATION

DE

L'ALPHABET PHÉNICIEN.

X

Paris. — Imprimerie Georges Chamerot, rue des Saints-Pères, 19.

ESSAI

SUR LA PROPAGATION

DE

L'ALPHABET PHÉNICIEN

DANS L'ANCIEN MONDE

PAR

FRANÇOIS LENORMANT,

Associé de l'Académie Royale de Belgique, de l'Académie Pontificale d'Archéologie, de la Société Royale de Littérature et de la Société d'Archéologie Biblique de Londres, de l'Institut National Genevois, de l'Institut de Correspondance Archéologique de Rome, de l'Académie d'Archéologie d'Anvers, de l'Académie de Stanislas de Nancy, Membre de la Société Asiatique de Paris, de la Société de Linguistique, de la Société d'Ethnographie, de l'Athénée Oriental, de la Société Française de Numismatique, de la Société des Antiquaires de l'Orléanais, de la Commission des Antiquités de la Côte-d'Or, etc., etc., etc.

Développement d'un mémoire couronné par l'Académie des Inscriptions et Belles-Lettres.

MATERIES *superabat opus.*

TOME DEUXIÈME

PARIS,
MAISONNEUVE ET Cie, LIBRAIRES-ÉDITEURS,
15, QUAI VOLTAIRE, 15.

1872

LIVRE SECOND.

ÉCRITURES DU TRONC SÉMITIQUE.

FAMILLE ARAMÉENNE.

(Suite.)

Nota. — Les planches XIII, XVI, XVII et XVIII, retardées par un accident de tirage, paraîtront avec la seconde livraison de ce volume.

CHAPITRE VII.

LES ALPHABETS SYRIAQUES.

I.

La difficulté et l'importance des questions d'origine et d'histoire du caractère hébraïque carré nous ont fait donner un développement très-considérable au chapitre consacré à cette écriture. Ici nous ne trouvons pas de difficultés du même genre. Tout ce qui se rapporte aux différents alphabets des Syriens a déjà été élucidé d'une manière complète (1). En l'absence de sérieuses difficultés, nous serons donc un peu plus bref, et nous n'aurons d'ailleurs qu'à extraire et à mettre en œuvre de nouveau ce qu'ont dit nos prédécesseurs.

La plus ancienne forme du caractère syriaque est celle que l'on appelle ܐܣܛܪܢܓܠܐ, *estranghelo*. Assemani (2) a voulu tirer ce nom du grec, auquel, comme on sait, les Syriens ont emprunté beaucoup de

(1) Sur les alphabets syriaques, voy. surtout : Ed. Bernard, *Literatura orbis eruditi a charactere samaritico deducta*, 1689. — Walton, *Prolegomen. II ad Bibl. Polygl.* — Buettner, *Figurae variaeque formae literarum hebraïcarum, syriacarum, arabicarum*, Gœttingue, 1769, in-fol.; *Vergleichungstafeln der Schriftarten verschiedener Vœlker*, Gœttingue, 1771-1779, in-4°. — Wahl, *Allgemeine Geschichte der morgenlændischen Sprachen*, p. 585 et suiv.; *Skizze einer morgenlændischen Graphik*, pl. VII-X. — Pauli, *Archæologische Beobachtungen und Muthmassungen über semitische, besonders hebræische Lesezeichen*, dans ses *Memorabilia*, fasc. VI, p.102 et suiv. — *Nouveau traité de diplomatique*, t. I, part. II. — Adler, *Novi Testamenti versiones syriacae*, Copenhague, 1789, in-4°. — Kopp, *Bilder und Schriften*, t. II, p. 306-325. — Hoffmann, *Grammatica syriaca*, p. 60-73. — Land, *Anecdota syriaca*, t. I, Leyde, 1862.

(2) *Biblioth orient.*, t. III, part. II, p. 378.

mots; en conséquence, il l'a rapproché de στρόγγυλος, « rond ». Mais Michaëlis (1) et Adler (2) ont facilement montré la fausseté de cette étymologie. Bien loin, en effet, d'être le plus rond des alphabets syriaques, l'estranghelo se distingue des autres plus arrondis par son aspect carré. Au lieu de l'explication d'Assemani, ils en ont proposé une autre, qui consiste à tirer ܐܣܛܪܢܓܝܠܐ de l'arabe, ou plutôt à considérer ce mot comme *karschoûny*, c'est-à-dire arabe écrit en lettres syriaques. Dans l'arabe, en effet, سطر signifie « écriture » et انجيل « évangile », et ce nom d'« écriture des Évangiles » convient très-bien à l'estranghelo, demeuré pendant assez longtemps le caractère des manuscrits soignés, comme ceux de l'Évangile, tandis que pour les usages vulgaires on se servait de son dérivé cursif, le *peschito* (3).

L'estranghelo paraît avoir été la première écriture usitée par les Syriens du nord après qu'ils eurent abandonné l'usage de l'araméen tertiaire ou palmyrénien. C'est dans la Mésopotamie qu'elle dut être inventée et que l'on dut commencer à s'en servir, tandis que, dans la Syrie proprement dite, on continuait encore à employer le caractère que nous fournissent les inscriptions de Palmyre (4).

(1) *Grammat. syr.*, p. 15.

(2) *Version. syriac.*, pl 4.

(3) *Ibid.*, p. 7.

(4) Cependant, à la fin du premier siècle de l'ère chrétienne ou au commencement du deuxième, l'écriture araméenne, dans certaines cités de la vallée de l'Oronte, tendait à s'éloigner du type palmyrénien et entrait déjà dans une période de transition qui lui donnait une physionomie particulière. Nous en avons la preuve par une curieuse médaille qui a été signalée à notre attention par M. de Saulcy. Elle a été publiée assez mal par Pellerin (*Troisième supplément aux six volumes de Recueils des médailles*, pl. V, n° 9), mais M. de Saulcy a bien voulu nous per-

mettre de la faire graver ici d'après l'admirable exemplaire de sa collection, le seul où l'on distingue d'une manière parfaitement nette la légende, que l'éminent académicien a déchiffrée le premier avec sa sagacité habituelle.

C'est une pièce de moyen bronze, manifestement imitée des impériales frappées par sénatus-

Nous possédons, en effet, de petites monnaies de bronze que l'on a consulte à Antioche (voy. Eckhel, *Doctr. num vet.*, t. III, p. 298-302). L'effigie de l'empereur y est remplacée par la tête radiée du Soleil, qu'accompagne la légende

דאבל מלכא

Au revers on voit, dans une couronne d'olivier, un aigle éployé posé sur les deux lettres latines S C retournées. Le style indique la première moitié du second siècle.

La légende du droit se lit avec certitude דאבל מלכא. Elle est très-importante par ses formes de transition : le ד, le ב et le כ sont déjà de pur estranghelo, et même le ד porte le point diacritique; le א est palmyrénien, le מ absolument à part; enfin le ל a gardé un type antique, qui nous reporte à l'araméen des monnaies des satrapes ou des papyrus du temps des Lagides.

L'attribution à donner à cette monnaie me paraît très-clairement déterminée par les points suivants. Elle a été frappée :

dans une ville assez voisine d'Antioche, puisque les espèces de cuivre frappées dans cette dernière ville y circulaient habituellement, comme le prouve l'imitation, et que le cuivre ne voyage jamais bien loin;

dans une ville qui gardait encore des rois particuliers au commencement du second siècle;

dans une ville où le Soleil, ou du moins une divinité syrienne au caractère avant tout solaire, assimilée au Soleil par les Grecs et les Romains, était adorée.

Une seule cité de la Syrie réunit ces trois conditions : c'est Émèse, le siége du fameux culte du dieu Élagabal (אל-גבל), *Sol Elagabalus*, en l'honneur duquel on y célébrait encore les jeux appelés ΗΛΙΑ sous l'empereur qui avait emprunté son nom au dieu dont il avait été d'abord le pontife (voy. Eckhel, *Doctr. num. vet.*, t. III, p. 312). Émèse avait au temps de Strabon (XVI, p. 753) ses princes décorés du titre de rois et en même temps grands-prêtres d'Élagabal; les plus célèbres avaient été Samsigéramus (שמיש-גרם) et son fils Iamblichus, comtemporain de Cicéron (*Epist. ad Fam.* XV, 1), qui donne par plaisanterie à Pompée le nom de Sampsicéramus (*Epist. ad Attic.* II, 14, 16, 17 et 23). Dans la guerre entre Octave et Antoine, cet Iamblichus prit le parti du dernier; mais Antoine, craignant sa trahison, le fit mettre à mort (Dio Cass. L, 13) et institua à sa place son frère Alexandre, qu'Octave fit bientôt après prisonnier et qui orna le triomphe du vainqueur, après quoi il fut exécuté (Dio Cass., LI, 2). En l'an 20 de notre ère, Auguste rétablit la petite souveraineté d'Émèse en faveur du fils d'Iamblichus, nommé comme son père (Dio Cass., LIV, 9). Elle subsista certainement jusqu'au temps de Vespasien (voy. Frœlich, *Epoch. Syromacedon.*, p. 79) et même probablement jusqu'à Antonin le Pieux, avec lequel commencent les monnaies impériales d'Émèse; mais elle était déjà supprimée depuis un certain temps quand Septime-Sévère épousa Julia Domna. Caracalla donna à Émèse le titre de colonie de droit latin (voy. Eckhel, *Doctr. num. vet.*, t. III, p. 311). Même après le changement de condition de la ville, la race des pontifes, autrefois rois, du dieu Élagabal, à laquelle appartenaient Julius Bassianus, père de Julia Domna et de ses sœurs, ainsi que le Caïus Julius Flavius Samsigéramus connu par une inscription (*Corp. inscr. graec.*, n° 4511), resta en possession du sacerdoce et d'une certaine autorité politique au moins jusqu'à l'époque des guerres de Sapor contre les Romains (Joh. Malal., XII, p. 296, édit. de Bonn); c'est de cette famille que prétendait ensuite descendre le philosophe Iamblique (Damasc. ap. Phot., *Biblioth.*, 181, p. 126, ed. Bekker).

On pourra m'objecter que l'aigle éployé n'apparaît au-dessus des lettres S C sur les monnaies de cuivre d'Antioche qu'à partir du règne des fils de Septime-Sévère (voy. Mionnet, *Descr. de méd. ant.*, t. V, p. 203 et suiv.), c'est-à-dire quatre-vingts ans au moins après la suppression du

attribuées (1) avec toute raison à Mannus VIII, roi d'Édesse, sous Hadrien et Antonin (2), qui, par conséquent, sont antérieures à la majeure partie des textes épigraphiques de la grande cité du désert, et qui portent au revers une légende en caractères estranghelo :

ܡܥܢܘ
ܡܠܟܐ

ܡܥܢܘ ܡܠܟܐ, « Mannus roi (3) ».

D'autres (4) portent au droit une tête royale barbue, avec la légende :

ܡܠܟܐ
ܘܐܠ

ܘܐܠ ܡܠܟܐ, « le roi Val », et au revers une autre légende, également composée de deux mots,

ܒܝܬܐ
ܐܠܗܐ

ou

ܐܠܗܐ
ܒܝܬܐ

peut-être ܒܝܬܐ ܐܠܗܐ pour ܒܝܬ ܐܠܗܐ ou ܒܝܬܐ ܕܐܠܗܐ, et en effet cette légende accompagne la figure d'un temple dans lequel on croit distinguer

royaume d'Émèse. Mais sur une pièce frappée dans cette ville l'apparition de la figure de l'aigle ne serait pas nécessairement le fait de l'imitation servile des espèces battues à Antioche. L'aigle est essentiellement un type monétaire propre à Émèse (voy. Mionnet, t. V, p. p. 227 et suiv.); sur les impériales et les coloniales de cette ville il est presque toujours figuré, soit seul, soit plus souvent accompagnant la pierre conique du dieu Élagabal, dont il était, par conséquent, l'animal sacré. Loin donc d'infirmer mon attribution, l'aigle est un argument de plus en sa faveur. Je n'hésite par conséquent pas à rattacher à la lignée des princes d'Émèse et à considérer comme un des derniers d'entre eux le Dabel dont la monnaie que je publie révèle le nom.

Il sera curieux pour la paléographie de comparer à celle de cette monnaie la légende araméenne de la pièce d'Antioche que j'ai publiée dans mon *Catalogue Behr* (pl. III, nº 6), quand on en aura trouvé un exemplaire qui permettre de la lire clairement.

(1) Langlois, *Numismatique de l'Arménie dans l'antiquité*, p. 66; *Numismatique des Arabes avant l'islamisme*, p. 129. — Cf. Scott, dans le *Numismatic chronicle*, t. XVIII, p. 20.

(2) Dionys. Telmar. *ap*. Assemani, *Biblioth. orient.*, t. I, p. 422 et 423. — Bayer, *Hist. Osrhoën.*, p. 74.

(3) Voy. notre pl. I, nº 1.

(4) *Numismatic chronicle*, t. XVIII, pl. à la p. 1, nºs 1-3. — Voy. notre pl. I, nºs 2-4.

un bétyle (1). En tous cas, Val, fils de Sahrou, est nommé par Denys de Telmahar (2) comme ayant occupé le trône d'Édesse en 138 et 139 de notre ère ; c'était un compétiteur du Mannus dont nous venons de citer les médailles. Une autre variété des monnaies de ce prince (3) porte d'un côté sa tête nue et diadémée, avec la légende ܡܠܟܐ ܘܐܠ en estranghelo, et de l'autre la tête d'un roi parthe coiffée de la tiare ; cette tête est celle d'Arsace XXVII, Vologèse II.

Enfin il existe des pièces portant le nom d'un roi Mannus, ܡܥܢܘ ܡܠܟܐ, que l'on a souvent confondues avec celles de Mannus VIII (4), mais dont cependant l'effigie est différente. Les traits du visage ne sont pas les mêmes, et d'ailleurs le roi sur ces pièces est toujours coiffé de la tiare, tandis que Mannus VIII sur ses monnaies, comme Val, est simplement diadémé. L'une des médailles dont nous parlons (5) porte la légende en pur estranghelo :

ܡܥܢܘ
ܡܠܟܐ

L'autre (6), probablement plus ancienne, et frappée au début du règne du même prince, offre une légende curieuse en ce que les caractères y tiennent à la fois du palmyrénien et de l'estranghelo et forment la transition entre ces deux écritures :

מענו
מלכא

On y remarquera le מ, le נ, le ל déjà tout à fait estranghelo, le ו, le כ, le א encore voisins de la forme palmyrénienne (7).

(1) Sur un exemplaire que possède le Musée Britannique il semble que le revers porte ܐܠܗܐ deux fois répété plutôt que la légende que nous donnons ici sur l'autorité des dessins de M. Scott dans le *Numismatic chronicle*. L'autre exemplaire du même musée a la légende incomplète.

(2) Assemani, *Biblioth. orient.*, t. I, p. 422 et suiv. — Bayer, *Hist. Osrhoën.*, p. 157.

(3) *Numismatic chronicle*, t. XVIII, pl. à la p. 1, n° 4. — Voy. notre pl. I, n° 5.

(4) Langlois, *Numism. des Arabes*, p. 129.

(5) *Ibid.*, pl. IV, n° 2. — Voy. notre pl. I, n° 6.

(6) Ch. Lenormant, *Trésor de numismatique, Numismatique des rois grecs*, pl. LXII, n° 8. V. Langlois, *Numismatique de l'Arménie*, p. 66 ; *Numismatique des Arabes*, pl. IV, n° 1.

(7) La légende de cette monnaie a été lue et interprétée de manières fort différentes. Mais notre lecture actuelle est certaine.

Ce caractère mixte de la légende assure aux monnaies dont nous parlons l'antériorité sur celles de Val et de Mannus VIII; cependant l'identité du style prouve qu'elles ont été frappées à peu de temps de distance. En conséquence, nous proposons de les attribuer à Mannus VII, père de Mannus VIII, lequel régna, d'après Denys de Telmahar, de 99 à 116 (1).

Le même caractère mixte et de transition est celui qui marque la ligne syriaque estranghelo de l'inscription découverte par M. de Saulcy sur un sarcophage du Tombeau des Rois à Jérusalem, dont nous avons parlé dans notre chapitre précédent :

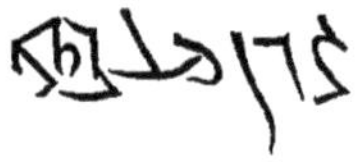

ܨܪܢ ܡܠܟܬܐ ou ܨܕܢ, « la reine » ou « la princesse Saran » ou « Sadan ».

Les lettres א, ד, ל, מ, ן, צ y sont déjà de pur estranghelo; le ח et le כ encore araméens; cette dernière lettre n'y est pas, il est vrai, purement conforme au type des inscriptions de Palmyre; mais elle a une forme de transition que nous retrouverons dans notre chapitre IX sur les plus anciens monuments de l'écriture des Sabiens ou Mendaïtes.

Nous avons déjà parlé, dans le chapitre précédent, de la date de l'inscription du sarcophage du Tombeau des Rois. Antérieure au siége de Jérusalem de l'an 72, elle se rapporte très-probablement à un personnage de la famille d'Hélène, reine d'Adiabène, et est certainement de la première moitié du premier siècle de notre ère.

Il ressort donc des monuments que nous venons de citer que la période de transition entre l'araméen tertiaire ou palmyrénien à l'estranghelo a rempli le premier siècle dans toute son étendue, et que cette dernière écriture a commencé à prendre naissance en Mésopotamie, dans la région autour d'Édesse, vers le temps d'Auguste.

Ceci s'accorde fort bien avec ce que l'on sait de l'histoire de la littérature syriaque. Édesse fut, en effet, depuis le règne de Vespasien jusqu'à l'expulsion des Nestoriens, dans le cinquième siècle, le siége d'une

(1) *Ap.* Assemani, *Biblioth. orient.*, t. I, p. 422. — Bayer, *Hist. Osrhoën.*, p. 157.

grande école qui, pendant toute cette époque, donna l'impulsion au mouvement littéraire chez les Syriens et dont l'influence prépondérante rayonna sur tous les pays d'Aram (1). Ce fut cette influence qui fit successivement adopter l'estranghelo dans toutes les contrées où avait régné l'alphabet araméen tertiaire.

Jusqu'au sixième siècle environ, ce fut le seul caractère usité dans l'école d'Édesse et dans les autres écoles syriaques (2). A partir de ce temps, on voit apparaître différentes autres écritures plus cursives qui en découlent et dont nous nous occuperons dans la suite de ce chapitre (3). Dès lors, l'estranghelo devient une écriture onciale, réservée aux plus beaux manuscrits, et il demeure dans cette condition jusqu'à la fin du huitième siècle (4). Passé l'an 800, les caractères abrégés, entre autres le peschito, ou plus exactement le semi-minuscule d'où il est sorti, supplantent absolument l'estranghelo, qui n'est plus employé, et encore sous une forme très-corrompue, que comme une sorte de majuscule plus ornée et plus élégante dans les titres des livres (5). Aussi pour ce rôle cherche-t-on tous les moyens de l'enjoliver, et entre autres les scribes inventent, au lieu de tracer les gros traits pleins de l'estranghelo, de se borner à dessiner par une double ligne les contours

(1) Assemani, *Biblioth. orient.*, t. III, part. II, p. 924 et suiv. — Eichhorn, *Die Syrer*, dans Mensel, *Geschichtforscher*, t. VII, p. 117 et suiv. — Hoffmann, *Grammat. syr.*, p. 25.

(2) Le plus ancien manuscrit syriaque daté, en caractère estranghelo, que l'on possède, est le n° 12150 du Musée Britannique, écrit en 411 de notre ère. On trouvera des fac-similés de son type d'écriture dans l'ouvrage de M. Land : *Anecdot. syriac.*, t. I, pl. II, n° 4, et pl. IV.

(3) Adler, *Version. syriac.*, p. 7. — Land, *Anecdot. syriac.*, t. I, p. 70 et suiv.

(4) Hoffmann, *Grammat. syr.*, p. 67.

Il résulte du manuscrit n° 17170 du Musée Britannique (voy. le fac-similé dans Land, *Anecdot. syriac.*, t. I, pl. XII, n° 60) que, dès la fin du huitième siècle (797 ap. J.-C, date de l'exécution du manuscrit), à Édesse même, la tradition du caractère estranghelo était tout à fait corrompue : voy. *Anecdot. syriac.*, t. I, p. 75.

(5) De Sacy, *Note sur un manuscrit syriaque du Pentateuque*, dans la *Biblioth. der bibl. Literatur* d'Eichhorn, t. VIII, p. 578.

Au dixième siècle, on tenta de rétablir l'usage de l'estranghelo pour les manuscrits soignés; mais cette tentative n'eut pas de suites. Assemani, *Biblioth. orient.*, t. II, p. 352. — Voy. Land, *Anecdot. syriac.*, t. I, p. 79-81.

On a un exemple de cette tentative de restitution dans le manuscrit n° 12139 du Musée Britannique, écrit en l'an 1000 de notre ère (fac-similés dans Land, *Anecdot. syriac.*, t. I, pl. XVIII, n°s 85 et 86).

extérieurs des caractères, en les peignant de différentes couleurs. C'est cette déformation que les grammairiens syriaques appellent ܟܘܝܦ̈ܠܐ, c'est-à-dire « double ». Amira atteste son invention récente (1).

Nous plaçons dans la deuxième partie de la planche II les formes les plus habituelles des lettres dans l'alphabet estranghelo, d'après les manuscrits d'une date ancienne et de beau style. Les traits pointillés indiquent la manière dont la liaison se fait avec la lettre précédente et avec la suivante, car l'habitude de rattacher toutes les lettres entre elles par une conduite de plume continue existe déjà en estranghelo, et devient de règle constante dans toutes les variétés d'écriture syriaque.

II.

L'estranghelo dérive directement de l'araméen tertiaire ou palmyrénien, usité auparavant, comme nous l'avons fait voir dans notre chapitre IV (2), par toutes les populations du nord de la Syrie. C'est là un fait que la réflexion indique tout d'abord et que la comparaison des deux alphabets fait ressortir d'une manière évidente (3). Notre planche II est consacrée à la démonstration de cette vérité. Nous y avons placé dans la première partie, en deux colonnes, les caractères palmyréniens onciaux, tels qu'ils se trouvent dans les inscriptions du temps d'Odénath et de Zénobie, puis les caractères palmyréniens cursifs, empruntés aux inscriptions du Capitole, et, dans la seconde partie, les lettres de l'alphabet estranghelo avec leurs formes initiales, médiales et finales. Les figures médiales ou finales sont quelque peu dénaturées par la liaison. C'est un effet qui s'est produit spontanément dans les débuts de l'existence individuelle de l'estranghelo par l'in-

(1) *Grammat. syr.*, p. 2.
(2) T. I, p. 248 et suiv.
(3) L'écriture intermédiaire que nous avons relevée sur les monnaies de Mannus VII et le sarcophage du Tombeau des Rois, donne à ce fait un degré de certitude de plus.

fluence de la manière d'écrire; quant aux formes finales, celles du ך, du ן et du ם dérivent d'un autre principe que l'initiale et la médiale des mêmes lettres et proviennent de formes finales existant déjà dans l'araméen tertiaire ou palmyrénien.

Il ressort, croyons-nous, de la planche II, que c'est du type palmyrénien cursif que l'estranghelo participe beaucoup plus que du type oncial. Ceci est surtout sensible pour les lettres ב, ד, ח (1), כ initial ou médial, ל, מ, נ, ס, ע, פ, ק, ר. Mais le ו, le ז, le ט se trouvent dans le cas contraire; leurs figures en estranghelo se rattachent plutôt au palmyrénien oncial.

Toutes les modifications subies par les lettres en passant du palmyrénien dans l'estranghelo se sont produites dans un même sens et par suite d'une même cause et d'une même tendance, par suite de la disposition à lier les lettres, déjà signalée par nous dans le palmyrénien, et qui devient générale dans l'estranghelo. Dans une écriture où toutes les lettres sont séparées, le mouvement naturel est de les allonger plutôt que de les écraser, ou du moins de leur maintenir une hauteur égale à leur largeur. Dans une écriture, au contraire, où les scribes ont contracté l'habitude de lier tous les caractères au bout de leur plume, la conséquence de cette habitude est l'écrasement des formes de toutes les lettres, qui regagnent en largeur ce qu'elles perdent en hauteur, et s'étendent dans la direction où leurs traits se prolongent pour former la ligature. Comparant une écriture de ce genre avec le type plus ancien et non lié d'où elle est sortie, il semble que l'on voit le type reflété dans un de ces miroirs cylindriques qui déforment les objets qu'on y présente en les élargissant outre mesure.

Nous avons observé plus haut (tome Ier, p. 246), lorsque nous avons

(1) Nous avons, pour ce caractère, fait figurer dans notre tableau comparatif la forme la plus ordinaire. Mais un des fac-similés publiés par Adler (*Version. syriac.*, pl. V), extrait d'un manuscrit de la bibliothèque Médico-Laurentienne de Florence (Plut. I, n° 40) nous offre cette même lettre tracée d'une manière tout à fait semblable au signe correspondant de l'alphabet palmyrénien, dans la ligature

ܘܚܦ

c'est-à-dire ܘܚܦ.

parlé des ligatures dans l'araméen tertiaire ou palmyrénien, que ces ligatures s'y présentaient seulement entre les lettres terminées en se recourbant par en bas vers la gauche (ב, ח, מ, נ et ק) et celles qui contenaient comme principal élément un trait vertical plus ou moins droit (ד, ה, ו, ר), ou bien un trait oblique dont la base était à droite (א), ou bien encore les lettres dont le trait de droite se recourbait plus ou moins légèrement dans la direction du point de départ de l'écriture (י, ת). C'est donc seulement douze caractères pour lesquels on observe des ligatures, cinq se rattachant à la lettre qui suit et sept à celle qui précède, et, sauf le נ médial, que nous avons trouvé, et cela encore très-rarement, lié à un מ précédent, aucun des signes qui sont dans le premier cas ne peut se présenter dans le second, et *vice versâ*.

Dans le plus ancien des alphabets syriaques, au contraire, et dans ses dérivés plus cursifs, toute lettre est susceptible de se lier avec la précédente. Du reste, cette liaison se fait par la base, comme en palmyrénien, sauf deux lettres, ܠ et ܛ, dont la jonction se fait par le milieu comme celle du ל en palmyrénien, et une, ܟ, qui se rattache à la précédente par son sommet, mais à la suivante par sa base. Les écritures syriaques, aussi bien l'estranghelo que celles qui ont été inventées plus tard, offrent toutes une barre horizontale qui se prolonge dans toute la longueur de chaque mot, sert de base commune aux lettres et n'est interrompue que par quelques caractères ouverts à leur partie inférieure, comme le ܡ, ou par six caractères différents qui ne se rejoignent pas à la lettre suivante et par conséquent, interrompent la liaison générale. Ces six caractères sont : ܐ, ܕ, ܗ, ܘ, ܪ, ܬ (1).

On conçoit facilement l'effet d'une semblable disposition sur les caractères de l'écriture. Les uns pivotent et changent la direction de leurs

(1) Pour se faire une idée complète de l'aspect et de la disposition générale qui résultent de ces ligatures dans l'estranghelo, nous engageons le lecteur à recourir à l'intéressante planche de fac-similés donnée par M. Cureton en tête du *Catalogue des manuscrits syriaques du Musée Britannique*, et surtout aux admirables reproductions qui illustrent le tome Ier des *Anecdota syriaca* de M. Land ; il faut aussi attacher une sérieuse valeur aux planches de l'ouvrage d'Adler (*Novi Testamenti versiones syriacae*, Copenhague, 1789), malgré l'aspect trop rigide que le procédé de la gravure sur cuivre y donne à l'écriture. Mais les dessins de l'ouvrage de M. Dietrich (*Codicum syriacorum specimina*, Marbourg, 1855) sont fort mal réussis et ne donnent qu'une idée tout à fait imparfaite des manuscrits dont ils prétendent être des fac-similés.

traits pour se rattacher à la ligature générale de la base ; tels sont : ܝ, ܡ, ܠ, ܟ, ܢ. Les autres, primitivement ouverts par le bas, se ferment par suite du prolongement du trait de la ligature, comme le ܣ. Le מ n'est pas dans ce cas, mais cela tient à une élégance des calligraphes qui ont voulu distinguer pour cette lettre deux formes différentes, l'une initiale et médiale, ouverte par en bas, l'autre finale, entièrement fermée : ܡ et ܡ.

L'existence de cette ligne inférieure presque continue, qui sert de base à toutes les lettres, influe, non-seulement sur la forme de la partie inférieure de ces lettres, mais encore sur celle de la partie supérieure, laquelle tend constamment à devenir parallèle au trait inférieur. Aussi les boucles ouvertes qui surmontaient le ב, le ד, le כ et le ר dans les trois premiers alphabets araméens disparaissent-elles dans l'estranghelo plus complétement encore que même dans l'hébreu carré, car ces lettres y sont ܒ, ܕ, ܟ, ܪ.

Enfin l'habitude de rattacher autant que possible toutes les lettres, tous les traits les uns avec les autres, produit dans l'intérieur même des caractères des boucles résultant de liaisons abréviatives entre plusieurs des parties du caractère. Ainsi :

Dans le ט, palmyrénien cursif 𐡨, la partie supérieure se rabat sur le trait inférieur de manière à s'y joindre, et les deux extrémités de la lettre, ouvertes à gauche, se recourbent l'une vers l'autre et viennent se confondre, de façon que l'estranghelo se compose de deux boucles juxtaposées, dont au premier abord la filiation, pour remonter au prototype phénicien, ne paraît pas très-naturelle, ܛ ; dans le ח on observe un fait analogue ; les écrivains inventeurs de l'alphabet estranghelo, pour rendre le tracé de cette lettre plus facile, ont recourbé vers le sommet l'extrémité inférieure de la haste de gauche, qui vient ainsi rejoindre la barre horizontale attachée au milieu de cette haste et se dessine, par conséquent, du même trait de plume, ܚ.

Quelques observations encore au sujet des lettres finales. Nous avons parlé de la forme que reçoit le מ lorsqu'il termine un mot, forme dérivée du même principe que celle qui a été adoptée dans l'hébreu carré. Le ן final dérive en estranghelo de la forme également finale du palmyrénien ; seulement la partie supérieure s'est atrophiée ; elle disparaît dans la ligature qui rattache le ן final à la lettre précédente ; tout le caractère se réduit au trait dirigé vers la droite, lequel, en estranghelo, est constamment placé au-dessous de la ligne de base des autres lettres, ܢ.

Quant au ך final, ܟ, il ne peut pas sortir du palmyrénien. Ainsi que nous l'avons observé plus haut, dans notre chapitre IV (tome I, p. 245), cette sorte d'écriture n'admet pas de distinction entre la figure du כ au commencement ou au milieu des mots et sa figure lorsqu'il les termine ; de plus, la forme du ך final estranghelo ne se tire naturellement d'aucune des variantes de cette lettre dans l'alphabet des inscriptions de Palmyre. Au contraire, en redressant cette figure, il n'y a pas moyen de ne pas être frappé de sa ressemblance, ou plutôt de son identité, avec le ך final de l'araméen des papyrus. Seulement ce caractère doit être rangé au nombre de ceux dont l'habitude de liaison a fait changer l'assiette naturelle. C'est, en effet, pour pouvoir rattacher plus facilement l'extrémité inférieure de la haste à la lettre précédente que le ך final, au lieu de conserver sa disposition verticale, a été renversé sur le côté.

L'origine du ך final de l'estranghelo était très-importante à déterminer, car elle montre que l'état de l'araméen tertiaire dans la Mésopotamie, d'où est sorti directement l'estranghelo, n'était pas absolument le même qu'à Palmyre, mais pour certaines lettres avait conservé des formes plus voisines de l'araméen des papyrus que nous ne les trouvons dans aucune inscription de la grande cité du désert (1). C'est également et pour la même raison par l'araméen des papyrus que nous parvenons à expliquer la figure du ה syriaque, dont il serait autrement impossible de se rendre compte.

En effet, aucune des règles de déformation que nous avons indiquées tout à l'heure n'aurait permis de tirer ܗ ou ܗ de ה, palmyrénien oncial, ou bien de ה ou ה, palmyrénien cursif. Si on compare, au contraire, le ה de l'estranghelo à celui de l'araméen des papyrus ה ou

(1) C'est ce que la médaille signalée plus haut, p. 4, en note, prouve aussi pour Émèse.

𐡀, la dérivation devient toute naturelle et conforme aux règles d'écrasement et d'élargissement horizontal exposées plus haut.

Dernière remarque. La forme des caractères estranghelos prêtait à de nombreuses confusions. On y a remédié : 1° par le point dont la position différente distingue ܪ et ܕ, point qui, dans le palmyrénien, se plaçait déjà au-dessus du ܕ (1); 2° par la boucle qui termine le sommet ܥ et le fait discerner du ܝ, boucle dont aucune trace n'existe dans l'araméen tertiaire.

III.

Ainsi que nous l'avons dit plus haut, l'estranghelo, dont nous avons résumé en quelques mots l'histoire que l'on trouvera complète dans les ouvrages d'Adler et de M. Land, ne parut pas longtemps aux Syriens une écriture assez cursive pour l'usage ordinaire, et, dès le sixième siècle, il n'était déjà plus considéré que comme un caractère oncial élégant et soigné que l'on réservait pour les beaux manuscrits. Une écriture vulgaire était employée parallèlement.

Ce qu'était alors cette écriture vulgaire, les diverses métamorphoses qu'elle subit pour arriver au caractère syriaque employé dans nos imprimeries, enfin l'époque approximative de ces métamorphoses, a été en partie connu dès la fin du siècle dernier, grâce à un précieux manuscrit de la Bibliothèque du Vatican, dont l'importance a été signalée par Assemani (2) et par Adler (3). Il porte dans la collection romaine le n° 12 et provient de ce monastère de *Sancta Maria Deipara Syrorum*, dans la vallée des Lacs Natrons, en Égypte, dont la bibliothèque, après avoir fourni les plus importants manuscrits syriaques du Vatican, a encore livré aux explorateurs anglais tant de trésors littéraires, aujourd'hui déposés au Musée Britannique. C'est un manuscrit des quatre

(1) Le point du ܕ s'observe déjà dans la légende de la monnaie que nous attribuons à Émèse.
(2) *Biblioth. Apost. Vatican. cod. manuscript. catal.*, part. I, t. II, p. 27 et suiv.
(3) *Version. syriac.* p. 3-10.

Évangiles d'après la version peschito, écrit en estranghelo, l'an 548 de notre ère.

Le fac-similé que l'on trouvera sous le n° 1 de la planche III, comprenant deux lignes du verset 36 du chapitre XV de l'Évangile de saint Marc, donnera une idée de la forme des lettres dans ce curieux monument de la paléographie syriaque. Il reproduit l'écriture du corps même du volume; mais, à la dernière page, l'écrivain a ajouté une note ainsi conçue, pour dater son œuvre et faire connaître son nom :

ܐܫܬܠܡ ܕܝܢ ܟܬܒܐ ܒܝܪܚ ܬܡܘܙ ܕܫܢܬ ܬܡܢܡܐܐ ܘܚܡܫܝܢ ܘܬܫܥ
ܒܐܘܪܗܝ ܡܕܝܢܬܐ ܕܒܝܬ ܢܗܪܝܢ ÷ ܐܬܟܬܒ ܕܝܢ ܘܟܬܒ ܟܬܒܐ ܗܢܐ ܥܡ
ܕܥܡܠܗ ܘܥܡ ܛܝܒܘܬܗ ܕܐܠܗܐ ܕܥܕܪܗ ܐܚܐ ܡܪܝ ܐܘܣܒܝܣ ܣܘܪܝܐ ܠܥܘܡܪܐ
ܕܝܪܐ ܩܕܝܫܐ ܕܬܐܘܡܐ

« Ce livre a été achevé dans le mois de tomoûz, l'an 859 (1), dans la « ville d'Édesse. A tracé ce livre par ses propres efforts et avec la grâce « de Dieu, qui l'a secouru, frère Mar-Eusèbe, Syrien, pour le saint « monastère de Thomas. »

Cette souscription n'est pas conçue en estranghelo, mais dans un caractère cursif qui en est dérivé, ou plutôt, comme nous le verrons tout à l'heure, dans un type mixte empruntant à la fois ses éléments à l'estranghelo et à une écriture plus cursive encore dont on a des spécimens du même temps. Sous le n° 2 de notre planche III, nous donnons les trois premières lignes de cette semi-cursive du sixième siècle.

Outre l'amoindrissement général du corps de l'écriture, ce qui distingue ce caractère de l'estranghelo est particulièrement le changement de forme :

du א, dont la partie supérieure prend des proportions exagérées, tandis que le reste se réduit presque à rien ;

du מ, qui, pour être tracé plus rapidement, devient constamment fermé par le bas ;

du ד et du ר, qui se réduisent à l'aspect de simples virgules, ܕ et ܪ ;

(1) 859 de l'ère des Séleucides, 448 de Jésus-Christ.

du ܘ enfin qui, dans la plupart des cas, se ferme en prenant la figure d'un rond, ܘ, et qui cependant, en initiale, demeure encore ouvert par le bas, comme en estranghelo.

Immédiatement après cette première souscription on en lit une autre, postérieure de près de deux cents ans, dans un caractère différent, et qu'Adler traduit :

In nomine Domini, Dei et Servatoris nostri Jesu Christi, anno transitorio 1029 (1), *mense Ab, ex voluntate Dei, venit ad visitandum tertia vice hoc castrum, ad Euphratem situm, cum reliquis castris, beatissimus et a Deo honoratus pater noster spiritualis Patriarcha Mar Elias* (2) *ex coenobio Dei Guba Baraja* (3), *qui consui, conjungi atque coaptari jussit quatuor Evangeliorum sacrorum codicem per presbyterum Barchadbeschabam* (ܒܪܚܕܒܫܒܐ), *syncellum beatissimi ejusdem domini et patris nostri universalis, Patriarchae Mar Eliae, cujus precibus omniumque sanctorum patrum ipsi similium Deus nobis opem ferat, et castro ejusque habitatoribus ac terrae omnibusque incolis faveat, auferatque flagella irae ob preces Deiparae Mariae, in saecula. Amen. Peccator autem qui hoc monumentum posuit misericordiam consequatur in die judicii precibus totius Ecclesiae. Amen. Amen.*

On trouvera, comme échantillon du caractère, sous le n° 3 de notre planche III, les quatre premières lignes de cette seconde souscription. C'est déjà presque le caractère dont notre typographie fait usage ; voici, en effet, comment les mêmes mots sont écrits de cette dernière façon :

⁘ ܒܫܡܗ ܕܡܪܢ ܘܐܠܗܢ ܘܦܪܘܩܢ ܝܫܘܥ ܡܫܝܚܐ : ܒܫܢܬܐ ܥܒܘܪܬܐ ܕܝܘܢܝܐ
ܐܠܦܐ ܘܥܣܪܝܢ ܘܬܫܥ ܒܝܪܚ ܐܒ : ܐܬܐ ܒܨܒܝܢܐ ܕܐܠܗܐ : ܠܡܣܥܪܘܬܐ

Les progrès de la déformation des lettres ont été rapides du sixième au huitième siècle. Ils se marquent surtout dans les figures :

Du א, réduit partout à ܐ ou ܐ excepté au commencement de la troi-

(1) 1329 des Séleucides, 718 de Jésus-Christ.

(2) Sur ce patriarche des Jacobites, voy. Assemani, *Biblioth. orient.*, t. II, p. 95 et suiv. ; p. 337. — Renaudot, *Histor. patriarch. Alexandr.*, p. 196.

(3) Monastère situé en Mésopotamie sur la rive de l'Euphrate. Assemani, *Biblioth. orient.*, t. II, p. 74 et 385.

sième phrase et au commencement de la quatrième, où il reprend son ancienne forme de ܐ, dont le scribe semble s'être servi comme d'une majuscule. Nous retrouverons le א devenu de même un simple trait vertical dans plusieurs autres alphabets du groupe sémitique. Comme cette dérivation se répète ainsi chez un assez grand nombre de peuples, il nous paraît de quelque intérêt d'en rappeler ici tous les degrés; aucun intermédiaire ne nous manque, en effet, pour constater avec certitude la filiation du ܐ syriaque:

Du ו, qui est désormais constamment fermé en cercle, ܘ;

Du צ, qui devient ܨ, passant tout entier au-dessous de la ligne et cessant de se lier à la lettre suivante;

Du ח, qui est encore le plus souvent ܚ, très-voisin du caractère estranghelo, mais pour lequel commence à apparaître (à la fin de la ligne 2, par exemple) une forme plus abrégée ܚ, laquelle se lie par son sommet à la lettre précédente, ܚ;

Du ש, où la distinction des deux traits supérieurs disparaît, et qui devient une boucle pleine, mais non encore arrondie comme plus tard.

Ce n'est pas tout. Le même manuscrit du Vatican contient encore deux autres souscriptions qui nous font suivre encore plus loin la marche progressive des altérations dans l'écriture syriaque.

Celle qui figure la première sur le verso de la dernière page est semblable à la seconde du recto pour la forme de l'écriture. Il y est dit que l'an des Grecs 1039 (de Jésus-Christ 728) le manuscrit a été relié de nouveau par les soins du prêtre Bar-Chodbeschabo et du prêtre Sergouno, sous le patriarcat de Mar-Athanase (1), du monastère de Goubo-Barajo, élève et successeur du patriarche Élie. Nous nous bornons à en reproduire deux lignes en fac-simile sous le n° 4 de notre pl. III.

Enfin la dernière note que porte ce même manuscrit appartient au onzième siècle. Elle dit que le volume a été encore une fois relié l'an des Grecs 1392 (de Jésus-Christ 1081) dans le monastère de *Sancta*

(1) Voy. Assemani, *Biblioth. orient.*, t. II, p. 338.

Maria Deipara Syrorum, au désert de Scété, sous l'abbé Mar-Gabriel, par les soins de frère Gabriel de Baksarouma (ܒܝܬܣܪܘܡܐ), et que le relieur a été Denhô, natif de la montagne d'Édesse.

Le caractère employé par l'auteur de cette note est, à peu de chose près, le syriaque adopté dans les imprimeries occidentales. Le fac-simile des trois premières lignes suffira pour le faire voir (pl. III, n° 5).

Le manuscrit n° 12 du Vatican résume très-exactement les phases principales des modifications de l'écriture chez les Syriens orientaux, spécialement chez les Jacobites. Mais on peut aujourd'hui en compléter les données, en même temps qu'on les confirme dans leurs traits essentiels; c'est ce qu'a fait M. Land, principalement d'après les manuscrits conservés à Londres, dans la remarquable dissertation paléographique insérée au tome Ier de ses *Anecdota syriaca*.

Il est aujourd'hui positif que dès le commencement du sixième siècle, tandis que l'usage de l'estranghelo florissait encore pour les manuscrits soignés, les Syriens de la Mésopotamie septentrionale avaient une écriture cursive et épistolographique abrégeant les formes des lettres, principalement du א (qui s'y réduit quelquefois à une figure aussi compendieuse que dans le peschito), du מ et du ת, encore plus qu'elles ne le sont dans la souscription de 548 sur le manuscrit du Vatican. L'exemple le plus frappant de cette cursive primitive est fourni par la souscription finale du manuscrit n° 14542 du Musée Britannique (1), écrite en 509 de l'ère chrétienne. Nous la reproduisons sous le n° 1 de notre planche IV. Il faut la lire :

ܐܢܐ ܝܥܩܘܒ ܐܡܝܕܝܐ ܟܬܒܬ ܟܬܒܐ ܗܢܐ ܟܠ ܡܢ ܕܩܪܐ ܠܗ ܢܨܠܐ ܥܠܝ ܕܡܪܢ

ܢܫܒܘܩ ܠܟܠ ܡܫܡܫܢܘܬܝ ܘܟܠ ܟܪܝܗܘܬ ܥܒܕܝ [ܘ]ܒܨܝܪܘܬ ܐܓܪܝ ܥܠ

ܡܢ ܕܟܬܒ. ܐܡܝܢ. ܕܫܢܝܢ ܟܠܗܘܢ ܐܚܝܢ ܕܐܫܬܠܡܘ ܒܫܠܡܐ

Ego Jacobus Amidensis hunc librum scripsi; quicumque eum legerit orare velit pro me, ut Dominus noster condonet meditationum mearum infirmitatem et operum meorum et precium exiguitatem, pro eo qui scripsit. Amen. Memoria colatur omnium fratrum qui in pace sunt.

(1) Land, *Anecdot. syriac.*, t. I, pl. V, n° 11.

La plupart des autres souscriptions du sixième siècle et du commencement du septième, dans les manuscrits du Musée Britannique, n'offrent pas un caractère aussi franchement cursif et sont tracées avec l'écriture semi-cursive du n° 2 de notre planche III, conservant encore pour une partie des lettres les formes essentielles de l'estranghelo, malgré la différence tenant à l'amoindrissement général du corps des caractères.

Telles sont les souscriptions des n° 17182 (1), datée de 512 ap. J.-C., n° 14479 (2), n° 14530 (3), de l'an 535, n° 17157 (4), n° 14460 (5), de l'an 600, et n° 12170 (6), de l'an 604.

Quae igitur, dit M. Land (7), *praetereunte hac prima historiae nostrae graphicae periodo, praeparata erat characterum solemnium et popularium in annotationibus et subscriptionibus coalitio, eam post annum* 700 *ipsos librorum contextus invadere demonstraturus sum; sive, ut aliis verbis utar, scripturam quam* ܦܫܝܛܬܐ simplicem, *seu potius* vulgatam, *Maronitae et recentiores grammatici dicunt, non ipsam esse minusculam antiquam, sed ex hac et majuscula quam* Evangelicam scripturam *vocant, conflatam esse.*

Cujus rei rationem, non obstantibus iis quae Kopp (8) *et Hoffmann* (9) *disputarunt, in Jacobi* ܪܗܘܝܐ ܕܐܘܪܗܝ, *qui ab anno Christi* 651 *ad* 708 *episcopatum Edessenum gessit, auctoritate quaero. Nam celeberrimus ille sermonis instaurator, signorum vocalium excultor, librorum graecorum interpres, codicibus multiplicandis nullum aptius remedium excogitare poterat quam scripturam et expeditam et in vita quotidiana usitatae similem; quoniam majusculam jampridem obsoletam et in librariorum cellas vel tabernas relegatam fuisse in promptu est. Atqui*

(1) Land, pl. V, n° 12.
(2) Land, pl. VI, n° 18.
(3) Land, pl. VI, n° 19.
(4) Land, pl. VII, n° 25.
(5) Land, pl. IX, n° 42.
(6) Land, pl. IX, n° 43.
(7) *Anecdot. syriac.*, t. I, p. 73.
(8) *Bilder und Schriften*, t. II, p. 102.
(9) *Grammat. syr.*, p. 69.

ut sumus plerique mortalium ad labori parcendum ne dicam ad nostri indulgentiam proni, vix uno exemplo dummodo satis illustri opus erat ut brevi temporis intervallo tantum non omnes novum scribendi morem amplectérentur.

Ces remarques sont parfaitement justes en ce qui touche à l'apparition de nouvelles formes d'écriture syriaque vers le commencement du huitième siècle, coïncidant avec un oubli de plus en plus grand de la vraie tradition de l'estranghelo, à l'origine mixte de ces formes et à la part que l'influence de Jacques d'Édesse a dû avoir dans leur invention et leur adoption (1). Mais M. Land commet une erreur grave en confondant et en réunissant sous la même rubrique deux types d'écriture bien distincts qui se montrent en même temps à cette époque :

1° La semi-minuscule, que M. R. Payne Smith (2) appelle « middle ancient or meiocene », écriture combinée pour les manuscrits soignés et destinée à y remplacer l'estranghelo ; nous en donnons l'alphabet dans la troisième division de notre planche V ; c'est une régularisation de la semi-cursive du sixième siècle, mêlant dans la même proportion les éléments empruntés à la cursive plus ancienne et ceux qui restent encore voisins de l'estranghelo ; ce n'est vraiment pas un type d'écriture nouveau, mais la réforme de celui qui avait pris naissance un peu au hasard sous la plume des scribes depuis deux siècles ;

2° La minuscule proprement dite, à laquelle on peut, dès cet âge, attribuer le nom de *peschito*, car c'est celle qui graduellement a produit le caractère plus récent auquel ce nom appartient sans conteste, et la modification dernière s'en est faite par une marche presque insensible ; c'est le type d'écriture des deux souscriptions du huitième siècle dans le manuscrit n° 12 du Vatican (n°s 3 et 4 de notre pl. III) ; les formes abrégées y sont plus multipliées que dans la semi-minuscule, et on peut signaler comme particulièrement caractéristiques à cet égard celles de א, ש et ת ; l'aspect général du corps de caractères est

(1) Michaëlis (*Orient. Biblioth.*, t. XI, p. 32) attribuait déjà l'invention du caractère *peschito* à Jacques d'Édesse.

(2) *Journal of sacred literature*, avril 1863, p. 191.

aussi plus épistolographique, pour nous servir d'une expression empruntée aux Grecs et qui convient ici particulièrement bien.

La différence des deux types d'écriture que nous régardons comme important de distinguer, bien que nés en même temps, est particulièrement marquée dans les deux souscriptions contemporaines du manuscrit n° 12135 du Musée Britannique (1), écrit à Rhesæna en l'an 726. La première, que nous reproduisons sous le n° 2 de notre pl. IV, est en semi-minuscule; la seconde, figurée sous le n° 3 de la même planche, en minuscule proprement dite ou peschito du type le plus ancien.

Les manuscrits du Musée Britannique nous offrent encore la semi-minuscule dans la souscription, datée de 797, du n° 17170 (2) dont le corps est tracé avec un estranghelo très-corrompu (3); dans celle du n° 14593 (4), datée de 817, où le caractère s'en altère déjà, se rapprochant pour le ת de la pure minuscule, tandis que le corps du manuscrit est écrit dans un estranghelo à l'aspect carré (5), propre au neuvième siècle; dans le n° 14485, datant de 824 (6), où elle tend de plus en plus à se confondre avec le peschito; dans la souscription, écrite en 862, du n° 14,492 (7), dont le corps est en estranghelo de mauvaise forme (8). A partir du neuvième et du dixième siècle on n'en trouve plus de traces; en se rapprochant toujours davantage de la minuscule simple ou peschito, la semi-minuscule est arrivée à ne plus s'en distinguer et à perdre tout caractère individuel.

Quant à la pure minuscule, qui a constamment été propre aux Jacobites et aux Maronites (9) et que les Syriens orientaux n'ont jamais connue, les belles planches de fac-simile d'après les manuscrits du Musée Britannique publiées par M. Land permettent d'en suivre l'histoire depuis

(1) Land, *Anecdot. syriac.*, pl. XII, n°s 58 et 59.
(2) Land, pl. XII, n° 61.
(3) Land, pl. XII, n° 60.
(4) Land, pl. XIII, n° 69.
(5) Land, pl. XIII, n° 68.
(6) Land, pl. XIV, n° 70.
(7) Land, pl. XV, n° 75.
(8) Land, pl. XV, n° 74.
(9) Assemani, *Biblioth., orient.* t. II.

sa première apparition dans le huitième siècle jusqu'à nos jours, où les derniers restes des Syriens occidentaux l'emploient encore. Elle commence par le type dont nous donnons des exemples sous les n°s 3 et 4, de notre planche III et sous le n° 3 de notre planche IV ; c'est au onzième siècle que se dessine complétement le type plus récent du n° 5 de notre planche III et même le type désormais invariable qu'a conservé depuis le peschito et dont on trouvera l'alphabet dans la quatrième division de la planche V. Cependant les formes plus anciennes reparaissent encore dans quelques exemples du onzième siècle et du commencement du douzième, et ce n'est qu'à partir du douzième et du treizième siècle que le peschito moderne triomphe désormais sans rival.

Outre le nom de ܦܫܝܛܬܐ, on donne aussi à l'écriture minuscule des Syriens occidentaux celui de ܣܪܛܐ ou « ligne (1) ». Je crois qu'il provient d'une opposition avec l'appellation de l'écriture ܟܦܘܠܬܐ ou « double », fréquemment employée pour tracer les titres des manuscrits en peschito d'époque récente. Cette explication me semble plus naturelle que celle de Hoffmann, qui veut que le nom de « ligne » vienne du trait horizontal qui lie les caractères par leur partie inférieure ; le trait en question existe en effet dans tous les alphabets syriaques et n'aurait pas fourni une particularité spéciale pour désigner le peschito.

IV.

Les luttes intestines et les guerres intérieures qui accompagnèrent la naissance et l'établissement des deux grandes hérésies orientales, jacobite et nestorienne, l'expulsion des partisans de Nestorius et leur retraite dans les États des rois de Perse, produisirent chez les Syriens

(1) Amira, *Grammat. syr.*, p. 1. — Hoffmann, *Grammat. syr.*, p. 69.

une séparation profonde et comme deux nations différentes. L'Église nestorienne, anathématisant et détestant catholiques et jacobites, vécut désormais dans un isolement qui fut surtout absolu pendant plusieurs siècles. Elle ne voulut rien emprunter à ceux qu'elle regardait comme des hérétiques, des persécuteurs et des ennemis. Aussi, à partir du sixième siècle, l'histoire de l'écriture syriaque chez les Nestoriens est-elle absolument séparée de celle de l'écriture chez les Jacobites.

Les Nestoriens n'ont gardé aucun vestige de la première cursive, antérieure pourtant à la séparation. Le point de départ de leur système graphique particulier est un type d'estranghelo (1) qui s'est immobilisé entre leurs mains, pareil à celui qu'employaient les Jacobites aux sixième et septième siècles (2); c'est avec ce caractère qu'ils traçaient encore au quinzième des manuscrits entiers, aux lettres dessinées plutôt qu'écrites à proprement parler (3). De cet estranghelo est dérivé directement le caractère plus cursif que l'on appelle spécialement « nestorien », ܢܣܛܘܪܝܐ (4). Les Nestoriens portant aussi le nom de Chaldéens, quelques auteurs syriaques de date récente ont donné à leur alphabet le nom spécial de *chaldaïque*. On en a déjà des exemples du onzième et du douzième siècle (5), et cette forme semi-cursive a dû même prendre naissance plus tôt, puisqu'elle a été portée par les missions du neuvième siècle sur la côte de Malabar, où elle est encore en usage chez les chrétiens dits de *Saint-Thomas* (6), qui l'emploient même, mêlée à quelques caractères indigènes, pour écrire l'idiome dravidien de la contrée ou *malayalam* (7), en qualifiant cette méthode

(1) Voy. un spécimen dans Land, t. I, pl. XXII, nos 107-109.

(2) Voy. les spécimens des pl. VII, VIII et IX de M. Land.

(3) Land, t. I, pl. XXIII.

(4) Assemani, *Biblioth. orient.*, t. III, part. II, p. 378. — Hoffmann, *Grammat. syr.*, p. 68.

(5) Land, pl. XXII, n° 110.

On a du neuvième siècle un exemple mixte intermédiaire entre l'estranghelo et le type proprement nestorien : Martin, *Journal asiatique*, 6e sér. t. XIX, p. 326; pl. 15.

(6) Sur cette population, voy. Assemani, *Biblioth. orient.*, t. IV, p. 25 et suiv; 435 et suiv. Cl. Buchanan, *Christian researches in Asia*, 3e édit. p. 99 et suiv. — Ch. Swanston, *Memoir of the primitive Church of Malayala*, dans le *Journal of the Royal Asiatic Society*, novembre 1834 et février 1835. — Ritter, *Erdkunde*, t. V, p. 601 et suiv.; 945 et suiv.

(7) Land, *Anecdot. syriac.*, t. I, p. 11 et suiv., pl. B, n° 11. — Nous reproduisons sous le n°4 de notre pl. IV le fac-similé de M. Land, emprunté au manuscrit n° 1215 de Leyde.

d'écriture du même nom de *karschoûny* qui en Syrie désigne l'arabe écrit en caractères syriaques (1). Les populations nestoriennes des bords du lac d'Ouroumiah, qui parlent encore syriaque, ont conservé sans altération jusqu'à nos jours (2) le même type d'écriture, que l'on trouvera dans la seconde division de notre planche V. Il ressemble beaucoup à la forme primitive du peschito des Jacobites, telle que nous venons de la voir dans des manuscrits du huitième siècle (3), et aussi par la forme de quelques lettres à la semi-minuscule jacobite de la même époque. Aussi plusieurs érudits, parmi lesquels Adler (4) et M. R. Payne Smith (5), ont-ils identifié complétement l'écriture nestorienne avec les types d'écriture usités chez les Jacobites du huitième au dixième siècle, types que le savant anglais réunit sous le nom de « middle ancient or meiocene ». Mais je crois que M. Land (6) a eu raison de l'en distinguer et de soutenir que l'histoire de l'écriture chez les Nestoriens a été indépendante de ce qui se passait chez les Jacobites. Une même tendance inhérente à l'abréviation d'un prototype commun a produit de mêmes formes de lettres chez les Nestoriens et chez les Jacobites du huitième siècle, mais l'origine séparée du caractère nestorien, ainsi que sa dérivation directe et exclusive d'un type estranghelo, est attestée par les formes spéciales à quelques lettres, comme le ܓ et le ܟ final.

L'écriture nestorienne sert en général uniquement de minuscule dans le corps des manuscrits où elle est employée ; l'estranghelo constitue les majuscules des titres avec la forme que nous venons de dire s'être immobilisée entre les mains des Nestoriens.

La scission des Melchites et des Jacobites, après le concile de Chalcédoine, donna aussi naissance à un type d'écriture particulier, qui fut

(1) Adler, *Version. syriac.*, p. 60. — Land, *Anecdot. syriac.*, t. I, p. 91.

(2) Voy. Stoddard, *Grammar of modern syriac as spoken in Oroomiah, Persia and in Koordistan*, New-York, 1855.

(3) Voy. encore d'autres exemples, outre ceux que nous avons rappelés, dans Adler, *Version. syriac.*, pl. III.

(4) *Version. syriac.*, p. 4 et 19.

(5) *Journal of sacred literature*, avril 1863, p. 191.

(6) *Anecdot. syriac.*, t. I, p. 88 et suiv; t. II, p. 15.

pendant plusieurs siècles en usage chez les Melchites de la Syrie et de la Palestine, à l'exclusion des caractères employés par les Jacobites. Les rares manuscrits tracés avec ce caractère que l'on possède sont d'une date ancienne et ont dû être écrits du sixième au neuvième siècle environ. Ils reproduisent tous des parties d'une version particulière des Écritures, plus exactement calquée sur le texte grec qu'aucune autre version syriaque, remplie d'hellénismes et conçue dans un dialecte à part, qui était celui de la Palestine (1). Le plus célèbre et le plus anciennement connu est le manuscrit n° 19 du Vatican, signalé par Adler et dont l'alphabet a été publié assez inexactement par J.-D. Michaëlis (2), par Adler lui-même (3), Olaüs Gerhard Tychsen (4) et Hoffmann (5). Les feuillets découverts par M. Land (6) dans le manuscrit n° 14664 du Musée Britannique (7) sont environ de la même époque que le fragment du Vatican et paléographiquement tout à fait semblables. Mais ceux que M. Tischendorf a rapportés d'Égypte et qui se conservent maintenant à la Bibliothèque Impériale de Saint-Pétersbourg (8) appartiennent à une date plus reculée. Ils donnent le vrai type originaire de cette variété d'écriture syriaque, que Michaëlis appela d'abord *adlérienne* et qu'Adler désigna ensuite sous le nom un peu trop restreint de *hiérosolymitaine*, adopté par Tychsen et par Hoffmann. M. Land a proposé depuis d'y substituer l'appellation plus large et plus exacte d'*écriture syro-palestinienne ;* c'est celle que nous adoptons.

On trouvera dans la première division de notre planche V l'alphabet syro-palestinien emprunté aux manuscrits de Saint-Pétersbourg. Il est facile de voir que ce n'est pas autre chose qu'une déformation de l'estranghelo produite par le désir d'imiter l'aspect de l'onciale grecque

(1) Adler, *Version. syriac.*, p. 140. — Land, *Anecdot. syriac.*, t. I, p. 91.
(2) *Orient. Bibliolh.*, t. XIX, p. 127. — *Grammat. syr.*, p. 20.
(3) *Version. syriac.*, p. 137 et suiv.; pl. VIII.
(4) *Element. syriac.*, pl. VIII.
(5) *Grammat. syr.*, p. 70; pl. II, col. 2.
(6) Voy. *Anecdot. syriac.*, t. I, p. 43 et suiv.
(7) M. Land en a donné des fac-simile dans la pl. I de son tome Ier, n°s 1-3.
(8) Tischendorf, *Anecdota sacra et profana*, n°s XIII, 2 et XV. — Voy. Land, *Anecdot. syriac.*, t. I, p. 44.

des cinquième et sixième siècles et la manière de la tracer (1). C'est un effet de la mode hellénisante qui s'était emparée alors des Melchites par suite de leur union étroite avec l'Église de Constantinople.

L'écriture syro-palestinienne se distingue en outre par deux particularités importantes : l'absence de point au ד et l'existence de deux signes différents pour noter le פ aspiré et non aspiré.

Au reste, l'usage de ce type d'écriture particulier ne se maintint pas bien tard chez les Melchites de la Syrie et de la Palestine. Dès le onzième siècle il était abandonné et les Melchites suivaient les habitudes graphiques des Jacobites. Nous en avons la preuve par le manuscrit n° 14489 du Musée Britannique, contenant un synaxaire suivant l'usage de l'Église grecque écrit en 1057 de notre ère, dans un couvent melchite du voisinage d'Antioche (2), avec un caractère peschito de l'ancienne forme (3).

V.

M. l'abbé Martin, dont les recherches récentes ont éclairé d'un jour tout nouveau l'histoire de la ponctuation syriaque et profondément modifié les idées généralement reçues à ce sujet, grâce aux découvertes qu'il a su faire dans les plus anciens traités grammaticaux, imparfaitement étudiés avant lui, M. l'abbé Martin résume ainsi cette histoire : « La ponctuation syrienne, vue d'un coup d'œil d'ensemble, paraît avoir passé par trois phases diverses, correspondant à trois périodes différentes (4).

« La première phase, continue le savant ecclésiastique, correspond à la période qui s'étend depuis les origines les plus reculées de la littérature syriaque jusqu'au sixième siècle. Alors la ponctuation ne com-

(1) Voy. Land, *Anecdot. syriac.*, t. I, p. 90; t. II, p. 15.
(2) Land, t. I, p. 79-80.
(3) Les fac-simile en sont donnés par M. Land, t. I, pl. XVIII, n°s 87 et 89.
(4) *Journal asiatique*, 6e série, t. XIX, p. 408.

prenait qu'un système de points très-incomplet, au sujet duquel nous citerons ces paroles de Jacques d'Édesse, qui caractérisent à merveille cette première époque : « Vu l'état d'imperfection de l'écriture ara-
« méenne, on ne peut lire correctement sans recourir à un des trois
« moyens que nous avons signalés plus haut. Il faut ou bien qu'on
« devine, ou bien qu'une certaine connaissance de la matière à lire,
« secondée par le bon sens, serve de guide, ou enfin qu'on s'appuie
« sur ce qu'on a entendu dire à d'autres. Ceux, en effet, qui se sont
« familiarisés avec le sujet et avec les termes qu'on y rencontre peu-
« vent lire sans faire de fautes et apprendre aux autres à lire pareil-
« lement. Ce n'est donc pas en s'appuyant sur un système complet
« d'écriture qu'on arrive chez nous à lire correctement, puisque l'al-
« phabet est imparfait, mais par la tradition qu'on a retenue ou bien à
« force de travail. Aussi les lecteurs passent-ils rapidement sur les
« mots et presque en volant, comme s'ils faisaient un récit; car ils
« n'ont pour s'aider que quelques points apposés dans des buts parti-
« culiers. C'est pourquoi ceux qui sont capables de lire le sont moins
« parce qu'ils comprennent le texte que parce qu'ils se rappellent les
« paroles prononcées par les personnes qui leur ont transmis la con-
« naissance de la lecture (1). »

La ponctuation primitive à laquelle fait ici allusion le célèbre évêque d'Édesse et dont l'emploi dès le quatrième siècle est attesté par saint Éphrem (2), est celle dont nous avons déjà dit quelques mots dans notre chapitre précédent (3). Il ne comprenait que deux signes de voyelles, consistant l'un et l'autre en un seul point dont la valeur est déterminée par la position au-dessus ou au-dessous de la ligne (4).

$\dot{\overline{}}$ représentant *ă*, *á*,

$\underset{.}{\overline{}}$ » *e*, *ĭ*.

(1) W. Wright, *Fragments of the syriac Grammar of Jacob of Edessa*, p. ܟ, col. 1. Voy. ce que dit encore M. l'abbé Martin dans le *Journal asiatique*, 6e série, t. XX, p. 242.

(2) *Ad* Genes. XXXVI, 24; *Opp. syriac.*, t. I, p. 184.

(3) T. I, p. 313.

(4) Hoffmann, *Grammat. syr.*, p. 85. — Merx, *Grammatica syriaca*, p. 21 et suiv.

En se joignant au ܘ, le point par sa position différencie

ܘ̇ = *o, ŭ,*

ܘ̣ = *ú.*

Nous trouvons cette notation employée dans le manuscrit n° 12150 du Musée Britannique, écrit, comme nous l'avons déjà dit, à Édesse, en l'an 411 ; mais elle n'y figure que dans un petit nombre d'endroits (1) et on voit par là qu'au cinquième siècle les voyelles, marquées d'une façon encore bien rudimentaire, n'étaient de plus indiquées que dans les passages difficiles, où il était besoin d'un éclaircissement au texte.

Le même manuscrit présente quelques exemples d'un autre signe (2), dont il était du reste évident que l'invention avait dû se produire avant la séparation des Nestoriens, puisque ceux-ci en avaient emporté l'usage avec eux (3). C'est le double point, appelé *ribbouy,* qui indique le pluriel dans les noms, les adjectifs et les verbes féminins. Jacques d'Édesse a traité de l'emploi de ce signe avec un certain développement (4); cependant, comme le remarque M. l'abbé Martin, et comme le prouve le manuscrit auquel nous venons de faire allusïon, « il ne l'introduisit pas dans la langue syriaque, mais il en généralisa l'emploi parmi les Syriens occidentaux ; car, avant lui, on les notait assez rarement dans les manuscrits, ou du moins on ne les notait que d'une façon irrégulière. C'est pour cela que les Orientaux s'en servaient fort peu dans les verbes féminins, à la troisième personne plurielle du prétérit, ainsi que le leur reprochait Aboulfaradj au treizième siècle (5). » Le double point des pluriels féminins a été en effet conservé même après l'adoption d'une notation complète des voyelles, aussi bien que l'ancien point-voyelle au-dessus ou au-dessous du mot, qui accompagne encore dans les manuscrits les plus modernes des mots dont la

(1) Voy. Merx, *Grammat. syr.*, p. 28.
(2) Merx, *Gramm. syr.*, p. 23.
(3) Voy. Martin, *Journal asiatique,* 6e sér., t. XIX, p. 418 et suiv.
(4) *Epist. de orthograph. syriac.*, ed. Martin, p. 1.
(5) *Journal asiatique,* 6e série, t. XIX, p. 418.

vocalisation tout entière est marquée, mais qui, depuis l'introduction d'autres signes vocaux plus parfaits, a pris une valeur purement grammaticale (1). Là où les voyelles sont aussi notées par des points, et non par des figures empruntées au grec, ces deux signes s'en distinguent par une grosseur différente, et Bar-Hébræus les range dans la classe de ce qu'il appelle « les points moyens ».

A partir du sixième siècle commence la seconde phase de la ponctuation syriaque. « Elle correspond, dit M. l'abbé Martin (2), à la période historique la plus brillante de la littérature araméenne. Elle comprend sept siècles et se clôt au douzième. Durant cette époque, la ponctuation se transforme en Orient et en Occident, en suivant deux voies divergentes. Chaque dialecte se crée un ou plusieurs systèmes, qu'il modifie, abandonne et reprend pour les quitter encore. En attendant, les passions religieuses se calment; les barrières qui séparent les sectes orientales tombent; les Jacobites, établis entre les deux races qui parlent les deux dialectes, adoptent les usages de l'une et de l'autre, les fusionnent ensemble, et amènent, par l'influence qu'ils acquièrent, la troisième phase. »

Comme une tradition constante attribuait à Jacques d'Édesse des préoccupations sérieuses au sujet de la notation des voyelles et des travaux pour l'améliorer, on a jusqu'à ces derniers temps attribué à cet illustre restaurateur de la littérature syriaque l'invention du système qui distingue huit voyelles et les marque par un double point diversement placé (3). C'est ce qu'a complétement réfuté M. l'abbé Martin dans une de ses plus importantes dissertations (4).

Le passage, incomplétement rapporté par Assemani (5), sur lequel s'est fondée l'opinion adoptée par Hoffmann et par M. Merx, se trouve dans la grammaire de Bar-Hébræus : « Un certain Paul, prêtre d'An-

(1) Merx, *Grammat. syr.*, p. 34 et 85 suiv. — Nœldeke, *Zeitschr. der Deutsch. Morgenlænd. Gesellsch.*, t. XXII, p. 481. — Martin, *Journal asiatique*, 6e sér., t. XIX, p. 420-425.

(2) *Journal asiatique*, 6e sér., t. XIX, p. 410.

(3) Hoffmann, *Grammat. syr.*, p. 87. — Merx, *Grammat. syr.*, p. 26.

(4) *Jacques d'Édesse et les voyelles syriennes*, dans le *Journal asiatique*, 6e sér., t. XIII, p. 447-482.

(5) *Biblioth. orient.*, t. I, p. 478.

tioche, sachant que l'alphabet grec avait d'abord été composé de dix-sept caractères, et n'ignorant pas non plus qu'on avait, dans la suite, ajouté tous les autres, un ou deux à la fois, jusqu'à ce qu'on eût atteint le chiffre de vingt-quatre lettres, pria le religieux Jacques d'Édesse de suppléer à ce qui manquait à l'écriture syrienne. Le très-religieux pontife répondit : « Beaucoup de gens ont formé le même désir avant vous « et moi ; mais ils ont reculé devant l'exécution de leurs projets pour « ne pas exposer à périr les livres écrits dans l'ancien caractère. » Voulant montrer néanmoins à Paul qu'il n'était point difficile de remédier à l'imperfection de l'alphabet syriaque, Jacques lui transmit sept voyelles de sa façon avec un signe pour le π des Grecs (1). » Assemani a borné ici son extrait; mais, en recherchant les manuscrits de la grande grammaire de Bar-Hébræus, M. l'abbé Martin a constaté qu'ils donnaient immédiatement après les signes envoyés par Jacques d'Édesse à Paul d'Antioche, et que ceux-ci n'avaient absolument rien de commun avec la notation vocalique au moyen des diverses positions du double point. Ce ne sont pas en effet des points-voyelles, mais les caractères suivants, destinés à entrer dans le corps même des mots, comme les quiescentes ou comme les voyelles grecques :

1. ܦܬܚܐ = ă ....
2. ܪܒܨܐ ܐܪܝܟܐ = ē ....
3. ܪܒܨܐ ܟܪܝܐ = ĕ ....
4. ܚܒܨܐ ܐܪܝܟܐ = ī ....
5. ܚܒܨܐ ܟܪܝܐ = ĭ ....
6. ܥܨܨܐ ܐܪܝܟܐ = ū ....
7. ܥܨܨܐ ܟܪܝܐ = ŭ ....

Quant au signe du π grec, il était [illegible].

Nous donnons ces caractères d'après le manuscrit n° 166 de la Bibliothèque Nationale de Paris (2) ; il y a dans les manuscrits FIV7 de la Bibliothèque Casanate et 416 du Vatican quelques variantes de formes, qui ont été relevées par M. l'abbé Martin (3).

(1) *Journal asiatique*, 6e sér., t. XIII, p. 458.
(2) *Ibid.*, p. 459.
(3) *Jacobi Edesseni ad Georgium Sarugensem de orthographia syriaca*, p. 16, n° VI.

« Le vice principal de ce système, remarque le savant ecclésiastique que nous prenons pour guide dans cette partie de notre travail, consistait à ce qu'il incorporait la voyelle à l'écriture, au lieu de la juxtaposer, faisant perdre ainsi à l'idiome araméen ce caractère qui distingue les langues sémitiques d'avec la plupart des autres. Le point diacritique n'avait pas cet inconvénient, puisqu'on pouvait le multiplier indéfiniment, sans nuire à l'ordonnance des consonnes. Aussi les premières réformes faites à la suite de celle dont nous venons de parler prirent pour base de leurs modifications le point déjà usité depuis plusieurs siècles. » Pour Jacques d'Édesse lui-même, l'invention des signes vocaux incorporés à l'écriture, qu'il communiqua à Paul d'Antioche, ne fut réellement qu'une distraction passagère, une sorte de gageure, une chose purement théorique, qu'il n'appliqua jamais lui-même dans les manuscrits exécutés sous sa direction, et qui resta une curiosité sans valeur pratique pour les grammairiens postérieurs (1).

En effet, c'est de l'emploi meilleur et plus régulier du point-voyelle antérieur que parle exclusivement Jacques d'Édesse dans sa lettre à Georges de Sarug. « Les copistes doivent apprendre comment on place les points, afin de distinguer les mots *biriotho* et *beriotho* de *barïon* et *barïotho*..... Il ne faut pas les multiplier outre mesure, parce que les mots ressembleraient alors à des mains ou à des pieds qui auraient six doigts. On doit aussi ne pas les omettre, ni les diminuer, afin qu'on puisse discerner entre eux les mots qui se ressemblent ; il faut se souvenir en tout qu'il y a une richesse aussi importune que la pauvreté. Ces points demandent à être mis encore en lieux convenables et non pas seulement là où il y a des vides, que la règle le prescrive ou non. Pour mieux faire saisir au reste mon enseignement, je vais essayer moi-même d'en placer quelques-uns (2). » Les indications de ce passage ont été confirmées par l'étude que M. l'abbé Martin a faite du manus-

(1) Les signes de voyelles aux formes étranges ajoutés à la suite d'un alphabet syriaque, qualifié de *Mésopotamien*, dans le manuscrit n° 14620 du Musée Britannique, datant du neuvième siècle (Land, *Zeitschr. der Deutsch. Morgenl. Gesellsch.*, t. XXII, p. 548-550), ne sont autres qu'une corruption de ceux envoyés par Jacques d'Édesse à Paul d'Antioche.

(2) *Epist. de orthograph. syriac.*, ed. Martin, p. ܘ. — Martin, *Journal asiatique*, 6e série, t. XIII, p. 465 et suiv.

crit n° 141 de la Bibliothèque Vaticane, lequel « semble avoir été écrit sous les yeux de Jacques lui-même, sinon de sa propre main ». Aussi cet habile orientaliste a-t-il pu résumer ainsi les travaux pratiques et effectifs de l'évêque d'Édesse pour la réforme de l'orthographe syriaque en ce qui touche à la notation des voyelles : « Il se borna à multiplier le point diacritique, et, divisant les voyelles en deux classes, il les désignait en plaçant en bas ou en haut le point qui était censé correspondre à chacune de ces deux familles. » Jacques d'Édesse enrichit pourtant la notation usitée jusqu'à lui d'un signe nouveau ∸̣, qu'il appela ܡܦܓܕܢܐ. Voici comment lui-même en définit l'emploi : « Tout mot et toute partie de mot reçoit un point en haut quand il est affecté d'une voyelle épaisse ou large; si au contraire le mot possède une voyelle simple et grêle, il reçoit le point en bas; si enfin il tient un juste milieu, et qu'il existe deux autres mots semblables par leurs consonnes, il reçoit deux points qui prennent le nom de *m'pagdono,* l'un en bas, l'autre en haut (1). » Le signe ∸̣ n'indiquait donc précisément par lui-même aucune voyelle, mais il servait dans le cas de l'existence de trois mots écrits par les mêmes consonnes, pour distinguer celui dont la voyelle avait un son intermédiaire de celui dont la voyelle était la plus forte, accompagné du point ∸, et de celui dont la voyelle était la plus aiguë, accompagné du point —̣.

Bar-Hébræus (2) attribue aussi formellement à Jacques d'Édesse l'invention des points d'une nature particulière appelés ܪܘܟܟ et ܩܘܫܝ, qui servent à noter la différence de prononciation, aspirée ou forte, des consonnes ܒ, ܓ, ܕ, ܟ, ܦ, ܬ (3), et qui se distinguent des autres points dans les manuscrits par leur couleur ou leur grosseur. Pour le ܦ, ce n'est même pas deux, c'est trois prononciations qu'il s'agissait de distinguer. Nous renverrons aux études de M. l'abbé Mar-

(1) *Journal asiatique,* 6e sér., t. XIII, p. 472.

(2) Grande grammaire, part. IV, ch. I, sect. III. — Assemani, *Biblioth. orient.*, t. I, p. 478. Martin, *Journal asiatique,* 6e série, t. XIII, p. 458.

(3) Bar-Hebraeus, *Grammat. metr.*, ed. Bertheau, p. 32 et 62. — Amira, *Grammat. chald.*, p. 124-143; 409-414. — Ewald, *Abhandl. zur orient. und bibl. Literat.*, p. 82-90. — Merx, *Grammat. syr.*, p. 60-76.

tin pour ce qui touche aux variations de l'orthographe et de la ponctuation à ce sujet (1).

Michaëlis (2) a supposé que la notation des voyelles syriaques au moyen des lettres grecques α, ε, η, ο, υ, renversées sur le côté (3) avait été employée pour la première fois au sixième siècle dans la version des Évangiles dite *philoxénienne* ou de Xénaias de Mabug. Mais on ne la retrouve dans aucun des manuscrits anciens de la version philoxénienne, et, d'ailleurs, il est bien évident par ce qui précède que cette notation n'était pas encore inventée au temps de Jacques d'Édesse (4). Il y a donc une grande vraisemblance dans la tradition maronite rapportée par Assemani (5), d'après laquelle les voyelles helléniques auraient été mises en usage au huitième siècle par Théophile d'Édesse, qui aurait eu recours à cet expédient pour rendre plus exactement les noms propres dans sa traduction syriaque d'Homère. En tous cas, le plus ancien manuscrit que l'on possède, où cette notation soit employée, appartient à l'année 861.

Voici les signes dont elle se compose (6) :

1. ܦܬܳܚܳܐ = *a* .... ◌ܰ
2. ܪܒܳܨܳܐ = *e* .... ◌ܶ
3. ܚܒܳܨܳܐ = *i* .... ◌ܺ
4. ܙܩܳܦܳܐ = *o* .... ◌ܳ
5. ܥܨܳܨܳܐ = *u* .... ◌ܽ

(1) *Journal asiatique*, 6e sér., t. XIII, p. 477-482; t. XIV, p. 378; t. XIX, p. 417.

(2) *Grammat. syr.*, § 7.

(3) Cette position tient à une habitude de tracer de haut en bas les lignes de l'écriture syriaque, sur laquelle nous reviendrons avec quelque développement dans le chapitre suivant.

(4) Assemani, *Biblioth. orient.*, t. I, p. 64 et 521; t. III, part. II, p. 378. — Voy. Merx, *Grammat. syr.*, p. 26.

(5) Le cardinal Wiseman, dans ses *Horae syriacae*, et depuis M. W. Wright, dans sa publication des fragments de la Grammaire syriaque de Jacques d'Édesse, tendent à attribuer à Jacques lui-même l'emploi des voyelles grecques. Mais il me semble que M. l'abbé Martin a très-bien montré ce qu'ont de peu probant les faits paléographiques sur lesquels s'appuie M. Wright, *Journal asiatique*, 6e sér., t. XX, p. 255.

(6) Sur les variations que les manuscrits les plus anciens présentent dans la notation des diphthongues, voy. Merx, *Grammat. syr.*, p. 27.

La distinction de cinq voyelles qui a servi de point de départ à ce système se rattache directement à la tradition de l'école qarqaphienne dont les travaux et les doctrines ont été si bien exposés par M. l'abbé Martin (1).

Il nous serait facile de trouver ici la preuve la plus manifeste de ce que nous avons avancé dans l'introduction de cet ouvrage, que l'écriture est le signe matériel et incontestable de la filiation des idées entre les différents peuples. Il suffirait, en effet, de voir chez les Syriens une notation de voyelles entièrement empruntée à l'alphabet grec pour deviner l'influence profonde que la culture hellénique, du sixième au neuvième siècle, a exercée sur les peuples sémitiques du rameau araméen, et particulièrement sur l'école d'Édesse (2).

Reste à parler du système encore en usage à l'exclusion de tout autre chez les Nestoriens, avec le type d'écriture particulier dont il a été question plus haut. Ce système, quand il est complet, — car il offre quelquefois des variations (3), — distingue huit voyelles, notées par de doubles points, sauf celles des deux sons *u*, marquées encore d'après la méthode primitive :

1. ܦܬܳܚܳܐ = *a* .... ܳ
2. ܙܩܳܦܳܐ = *o* .... ܳ
3. ܡܚܰܪܳܐ ܙܠܳܡܳܐ = *ĭ* .... ܶ

(1) *Tradition karkaphienne, ou la Massore chez les Syriens,* dans le *Journal asiatique,* 6e sér., t. XIV.

Ajoutons ici de précieuses remarques du savant ecclésiastique : « Les manuscrits qarqaphiens sont les plus anciens où l'on rencontre cette notation rigoureusement appliquée dans toute leur étendue : les voyelles sont de la même main que le reste de l'écriture ; on a essayé de les combiner de diverses manières pour traduire toutes les nuances de son et de prononciation, par exemple les diphthongues *au, eu, ou, iou.* Nulle part, enfin, on n'a dépensé autant de soin pour les noter que dans les manuscrits de cette école » (*Journal asiatique,* 6e sér., t. XX, p. 255). M. l'abbé Martin est disposé à en conclure que l'introduction de l'usage des voyelles grecques fut l'œuvre des Qarqaphiens.

(2) Voy. Renan, *Histoire des langues sémitiques,* 1re édition, p. 279 et suiv.

(3) *Journal asiatique,* 6e sér., t. XIX, p. 437.

4. ܡܚܒܨܐ ܐܢܝܚܐ = ī .... ܼ

5. ܪܘܚܐ ܩܫܝܐ = o .... ܘ݂

6. ܪܘܚܐ ܐܢܝܚܐ = ŭ .... ܘ݁

7. ܙܠܡܐ ܩܫܝܐ = ĕ .... ܶ

8. ܙܠܡܐ ܐܢܝܚܐ = ē .... ܵ

C'est ce système dont les érudits ont attribué l'invention à Jacques d'Édesse, d'après le passage de Bar-Hébræus, incomplétement cité par Assemani. Nous venons de voir, à la suite de M. l'abbé Martin, que cette opinion ne pouvait plus être maintenue. Le même savant a établi, d'une manière à nos yeux décisive, que si la notation des voyelles par les lettres grecques avait été la notation proprement *occidentale*, dont l'usage n'avait jamais passé chez les Nestoriens, le système de la notation complète au moyen de points-voyelles était d'origine *orientale* et nestorienne (1). « L'inspection la plus minutieuse des manuscrits jacobites, dit-il, ne relève que le point diacritique modifié par l'évêque d'Édesse avec ou sans les voyelles grecques. » D'ailleurs, Bar-Hébræus dit en termes formels dans sa Grande grammaire (2) : « On a assigné, « chez les Occidentaux, pour caractères aux voyelles les lettres grecques « et quelques points; mais ces points ne sont ni suffisamment exacts ni « suffisamment complets.... Chez les Orientaux, au contraire, les « points sont parfaitement exacts. » Tout en trouvant que l'existence de ce système complet de points-voyelles constituait un avantage précieux dont ses compatriotes étaient privés, le même Bar-Hébræus, dans sa Petite grammaire métrique (3), critiquait avec ironie comme trop subtiles les distinctions sur lesquelles les Nestoriens l'avaient fondé. « Le prin- « cipal dialecte araméen, celui d'Édesse, ne renferme que cinq voyelles

(1) *Journal asiatique*, 6e sér., t. XIII, p. 462 et 474.
(2) Préface, p. 5. — *Journal asiatique*, 6e sér., t. XIX, p. 429.
(3) Ed. Bertheau, p. 3 et suiv.

« contenues dans ce mot ܟܘܳܫܢܳܐܡܶܢܬܐ, et il pose ceci comme une règle « fondamentale, parce qu'elle empêche toute confusion..... Mais les « admirables Orientaux, fils des anciens Chaldéens, distinguent encore « d'autres voyelles, dont le savant Jacques d'Édesse a fait mention. »

Il résulte clairement de ces passages qu'au treizième siècle l'école des grammairiens occidentaux, dont Bar-Hébræus est le plus éclatant représentant à cette époque, n'admettait pas encore le système des points-voyelles inventé par les Nestoriens orientaux. Mais, dès lors, il avait été adopté par les Jacobites orientaux, de chez qui il passa un peu plus tard chez les Occidentaux eux-mêmes. La fusion des deux traditions grammaticales était déjà établie depuis une centaine d'années au treizième siècle dans le sein de cette école mixte, à laquelle il faut attribuer un certain nombre de manuscrits dont le caractère est occidental et la ponctuation orientale (1). En effet, Jacques de Tagrith, le principal grammairien des Jacobites orientaux, qui écrivait dans le treizième siècle, admettait dès lors les points-voyelles des Nestoriens, en les modifiant légèrement (2), de manière à compter les six voyelles suivantes :

ܲ = *ă*,

ܵ = *o*, *ā*,

ܝܼ = *ī*,

ܘܿ = *ŭ*,

ܘܼ = *ū*,

ܸ = *ē*, *ĕ*, *ĭ*.

On était déjà entré dans la troisième phase de l'histoire de la ponctuation syriaque, que M. l'abbé Martin (3) définit ainsi : « Elle s'étend

(1) Martin, *Journal asiatique*, 6e série, t. XIX, p. 440 et suiv.
(2) *Ibid.*, p. 437.
(3) *Ibid.*, p. 410.

« depuis le douzième siècle jusqu'à nos jours. Elle présente deux faits « caractéristiques : dans l'Aramée orientale, l'immobilisation du sys« tème propre au dialecte nestorien; dans l'Aramée occidentale, l'adop« tion et l'emploi du système de ponctuation oriental, conjointement « avec le système occidental. C'est aussi durant cette période que la « science coordonne les observations et en forme un tout harmonique, « ce tout que Bar-Malcon nomme le *filet des points*. »

Au siècle dernier, un Maronite établi à Rome, nommé Gabriel Héva, essaya de venir en aide aux lecteurs ecclésiastiques de sa nation et de suppléer à leur ignorance des bonnes traditions de la langue et de la prononciation par une tentative fort analogue à celle dont Jacques d'Édesse avait eu d'abord la pensée dans sa correspondance avec Paul d'Antioche. Héva substituait à l'emploi des voyelles grecques ou des points inventés par les Nestoriens un système de notation dans lequel les voyelles directement incorporées dans le corps de l'écriture étaient rendues par l'image de la quiescente correspondante (1) et où le ܐ, qui peut représenter trois sons vocaux différents, voyait sa forme quelque peu modifiée de trois manières diverses afin de mettre à même de distinguer ces trois voyelles :

ܐ = *a*.
ܐ݁ = *e*.
ܝ = *i*.
ܐ = *o*.
ܘ = *u*.

Mais ce mode de vocalisation resta à l'état de simple fantaisie individuelle; il ne fut adopté par personne, et le souvenir en a été seulement conservé par un psautier syriaque que Héva fit imprimer à Rome, en 1737, chez Pietro Ferri, psautier devenu maintenant d'une très-grande rareté (2).

(1) Hoffmann, *Grammat. syr.*, p. 88. — Land, *Anecdot. syriac.*, t. I, p. 98. — Merx, *Grammat. syr.*, p. 27.

(2) *Liber Psalmorum Davidis idiomate Syro.* ܟܬܒܐ ܕܡܙܡܘܪܐ ܕܕܘܝܕ ܡܠܟܐ ܘܢܒܝܐ [illegible]

Je laisse de côté, pour ne pas me perdre dans les détails, ce qui touche à d'autres signes d'une importance secondaire et dont l'invention paraît d'ailleurs assez récente, comme le point qui distingue la troisième personne du féminin singulier au prétérit, marqué différemment par les Occidentaux et les Nestoriens (1), la ligne occultante, le *maqqef* et les traits de suspension. Les observations sur ces subtilités d'orthographe grammaticale et sur leur origine sont l'affaire d'un traité spécial de ponctuation syriaque plutôt que d'une étude générale sur l'histoire des écritures, où il n'est pas possible de s'appesantir sur tous les faits quand ils ne touchent pas au sujet essentiel, la filiation des alphabets. Je laisse aussi de côté l'histoire des signes d'interponction et d'accentuation du syriaque, que Bar-Hébræus réunit dans sa classe des points majeurs. Le système lui-même en présente encore de grandes obscurités, et c'est un sujet sur lequel il reste encore beaucoup à faire, même après les pages d'une si profonde érudition que M. Ewald y a consacrées (2).

VI.

L'alphabet syriaque a été propagé sur une très-vaste étendue de territoire, principalement par les missions nestoriennes. Il a été appliqué aussi à écrire des langues très-diverses, appartenant aux familles les plus opposées. Nous croyons nécessaire de dire, avant de terminer ce qui touche à l'écriture syriaque, quelques mots sur cet ordre particulier de faits.

[illegible] *Verbo Divino Servatori nostro dicatus. Romae, MDCCXXXVII. Ex typographia Petri Ferri. Superiorum permissu.* On lit à la fin du volume : *Romae MDCCXXXVII. Typis Petri Ferri in Platea Montis Citatorii. Superiorum permissu.*

Nous avons remplacé par ܐ le signe inventé pour le son *a* par Gabriel Héva.

(1) Voy. Martin, *Journal asiatique*, 6e série, t. XIX, p. 419 et suiv.

(2) *Abhandl. zur orient. und bibl. Literat.*, p. 103 et suiv.; *Zeitschr. für die Kunde des Morgenlandes*, t. I, p. 205 et suiv.; t. II, p. 109 et suiv. — Voy. Philipps, *Mar-Jacob and Bar-Hebreus*, 1869. — Martin, *Jacobi Edesseni epistola*, 1869; *Journal asiatique*, 6e série, t. XIX p. 413 et suiv.

Les descendants des Syriens occidentaux ont complétement abandonné depuis plusieurs siècles l'usage de leur antique idiome national, qui n'est plus pour eux qu'une langue morte, liturgique et savante, connue d'un très-petit nombre d'individus, et encore exclusivement dans le clergé. La langue qu'ils parlent et écrivent est l'arabe. Mais dans la plupart de leurs écrits, principalement dans ceux qui traitent de la religion chrétienne, ils repoussent l'usage des lettres arabes en haine de l'islamisme, et continuent à se servir des lettres syriaques, appliquées désormais à tracer l'arabe. Pour ce qui est des articulations propres à cette langue, qui n'ont pas de signes spéciaux dans l'alphabet syriaque, voici comment ils procèdent : ܬ et ܕ représentent sous leur calame ث et ذ aussi bien que ت et د; ils rendent ص par ܨ̇, ط par ܛ̇, خ par ܟ̣ et ܚ̣, غ par ܓ̰ et ج par la même lettre avec un point dans l'intérieur, enfin ة par ܗ̈ (1). La date de l'origine de cet usage n'est pas encore déterminée, mais on peut au moins le faire remonter jusqu'au onzième ou au dixième siècle.

C'est là ce qu'on appelle le *karschoûny*. Les Maronites prétendent qu'un tel nom provient d'un certain Karschoun, qui aurait été l'inventeur de cette manière d'écrire l'arabe avec les lettres syriaques. Mais on ne saurait voir là qu'une historiette inventée après coup pour expliquer un mot d'origine évidemment étrangère dont on avait oublié l'étymologie réelle, que les érudits européens ne sont point parvenus encore à déterminer. En effet, le même nom de *karschoûny*, altéré sous la forme *gersono*, est aussi en usage au Malabar (2) pour désigner l'application de l'alphabet syriaque à écrire la langue dravidienne du pays ou malayalam par les chrétiens du rite syriaque, dits *chrétiens de Saint-Thomas*, dont la conversion a été l'œuvre des anciens missionnaires nestoriens.

Ce karschoûny du Malabar, que M. Land (3) a fait connaître d'après les manuscrits de Leyde, constitue un alphabet particulier, ainsi qu'on

(1) Voy. Merx, *Grammat. syr.*, p. 14.
(2) Adler, *Version. syriac.*, p. 60. — Land, *Anecdot. syriac.*, t. I, p. 11 et 91.
(3) *Anecdot. syriac.*, t. I, p. 10-11; *Zeitschr. der Deutsch. morgenl. Gesellsch.*, t. XXII, p. 551.

peut le voir dans la planche VI, où nous le donnons en entier. Il se compose d'abord des vingt-deux lettres syriaques du type nestorien, auxquelles il ajoute onze autres signes pour représenter les articulations dravidiennes *n'*, *ng*, *ny*, *ṭ*, *ḷ*, *ṇ*, *ṛ*, *sh*. Ces signes sont empruntés à l'alphabet malayalma, ainsi que nous le montrons dans la planche VI; mais, sauf ceux de *ṛ*, et de *sh*, ils sont renversés sur le côté, comme si on avait pris l'habitude de les introduire au milieu des lettres syriaques, en les traçant dans leur sens normal, à une époque où l'on écrivait les lignes de l'écriture syriaque de haut en bas.

Étienne Quatremère a rassemblé (1) de nombreux témoignages sur l'application de l'alphabet syriaque à écrire le persan et l'arménien du temps des Sassanides. Moïse de Khorène (2) affirme même que les gouverneurs de la monarchie sassanide prétendirent un moment imposer aux Arméniens l'usage exclusif des lettres syriaques, afin de les séparer de toute influence de Constantinople. Il résulte du passage d'Ibn-el-Moqaffa, cité par Quatremère (3), que ceux qui écrivaient alors à la cour de Perse la langue de l'Iran avec les lettres syriaques avaient dû se composer un alphabet mixte, analogue au karschoûny du Malabar, en y ajoutant des lettres sans doute pehlevies, puisque l'auteur arabe dit qu'ils avaient porté les signes de l'écriture au nombre de trente-trois. Mais on ne possède encore aucun document manuscrit qui réponde aux indications de ce passage. Au reste, nous reviendrons sur ce sujet dans le chapitre XIV, en traitant de l'alphabet zend.

Mais l'application la plus considérable et la plus féconde de l'alphabet syriaque à des langues étrangères est celle que nous allons étudier dans le chapitre suivant.

(1) *Journal asiatique*, 2e sér., t. XV, p. 256 et 257. — Cf. Chwolsohn, *Die Ssabier und der Ssabismus*, t. I, p. 386.

(2) III, 54.

(3) *Journal asiatique*, 2e sér. t. XV, p. 217.,

CHAPITRE VIII.

LES ALPHABETS TARTARES.

I.

Nous nous sommes imposé comme loi de ne pas nous appesantir sur les écritures dont la dérivation commencerait à s'éloigner d'un grand nombre de degrés du type primitif, et en effet, sans cela, la filiation de l'écriture phénicienne embrassant toutes les écritures alphabétiques usitées sur la surface du globe, notre travail prendrait des proportions infinies. Il nous semble cependant que, s'il est un cas où nous devions déroger à la loi que nous nous sommes ainsi faite, c'est à propos des alphabets tartares. L'importance de cette branche de dérivation de l'écriture syriaque est, en effet, très-grande, et d'ailleurs il y a là un exemple curieux de l'adoption de l'alphabet sémitique de vingt-deux lettres par un peuple non sémitique, qui l'applique à une langue toute différente de celles pour lesquelles il avait été d'abord créé. C'est, à dix siècles seulement de nous, la répétition exacte de ce qui s'est passé dans une très-haute antiquité, lorsque les Grecs et les Ibères reçurent et adoptèrent l'usage de l'alphabet phénicien. A titre de comparaison, l'étude de la transmission de l'écriture syriaque aux Tartares nous devient ainsi très-utile, car elle nous fera pénétrer d'une manière efficace dans l'intelligence des faits analogues plus anciens. Cependant, tout en traitant cette partie, qui ne se rattache, on le voit, que d'une manière secondaire à notre sujet, nous éviterons d'y donner un trop grand développement.

Le plus ancien des alphabets tartares, celui d'où sont dérivés tous les autres, est celui des Ouigours ou Turcs orientaux. Il n'a été connu qu'assez tard des érudits de l'Occident, et c'est à Klaproth qu'appartient l'honneur de l'avoir révélé d'une manière complète (1). Un certain nombre d'écrivains turcs, arabes, persans et chinois parlent de cette écriture (2), mais les monuments parvenus jusqu'à nous en sont très-peu nombreux. Ils se réduisent à un manuscrit de la Bibliothèque Nationale, écrit, selon toute apparence, à Samarkande ou dans les environs de cette ville par un Turc djaghataïen converti à l'islamisme, et contenant la vie des soixante-douze imams, ainsi que l'histoire du *Miradj* ou ascension fabuleuse de Mahomet au ciel (3); à la chronique des Tatars du Sultan de Kharizm Aboul-ghazi Bahadour, dont plusieurs copies en caractères ouigours existent en Allemagne (4), mais dont le texte n'a pas été imprimé, et dont on ne possède qu'une informe traduction du siècle dernier (5); aux légendes de quelques monnaies frappées en Géorgie, en Perse et dans le Kaptchak par les princes mongols et par leurs vassaux à la fin du treizième siècle (6); enfin à un vocabulaire ouigour-chinois rapporté à la Bibliothèque du Roi par le P. Amiot et accompagné de quinze lettres adressées à des empereurs chinois de la dynastie des Ming par les petits princes ou commandants des villes de Kamoul, Khotcho, Tourfan, Ilibali, etc. (7). L'authenticité

(1) *Abhandlung über die Sprache und Schrift der Uiguren.* — Publié d'abord dans les *Fundgruben des Orients*, t. II, p. 167 et suiv.; puis à part et avec des additions considérables, Berlin, 1812, in-8°. Reproduit encore dans le tome II du *Reise in den Caucasus und nach Georgien* de Klaproth (Halle et Berlin, 1814, in-8°), et dans sa *Verzeichniss der chinesischen und mandshuischen Bücher der Kœniglichen Bibliothek zu Berlin* (Paris, 1822, in-fol.). Enfin, traduit par M. de Rosny, *Archives paléographiques de l'Orient et de l'Amérique*, t. I, p. 78-79.

(2) Voy. surtout la table des caractères ouigours dressée par Ahmed-Ibn-Arabschah et publiée par Langlès dans le t. V des *Notices et extraits des manuscrits*, partie orientale.

(3) Abel Rémusat, *Recherches sur les langues tartares*, p. 252.

Voy. le fac-simile d'un fragment de ce manuscrit dans De Rosny, *Archives paléographiques*, t. I, pl. 12. — Une partie du *Miradj-Naméh* a été publiée en caractères turcs par M. Arminius Vambéry dans ses *C'agataïsche Sprachstudien.*

(4) Abel Rémusat, *Recherches sur les langues tartares*, p. 252, note 1.

(5) *Histoire généalogique des Tatars*, Leyde, 1726, 2 vol. in-12.

Quelques fragments du texte ont été donnés dans le Voyage de Klaproth, t. II, p. 504 et suiv.

(6) Klaproth, *Abhandl. über die Spr. u. Schr. der Uiguren*, éd. de 1812, p. 56 et suiv.

(7) La traduction de ces lettres a été donnée par le P. Amiot dans les *Mémoires concernant les Chinois*, t. XIV, p. 272-279.

de ces dernières lettres est douteuse et il serait possible qu'elles ne fussent que de simples compositions de rhétorique destinées à servir de modèles pour des pièces officielles de la même nature (1).

L'alphabet ouigour se compose de quatorze consonnes et trois voyelles dont on trouvera dans la seconde division de la planche VII les valeurs et les figures, d'abord d'après les données d'Ahmed-ibn-Arabschah, puis d'après celles que Klaproth (2) a empruntées à un ouvrage assez moderne d'origine mongole. Ce sont les deux sources qui nous font connaître l'alphabet ouigour, l'une sous sa forme la plus ancienne, l'autre sous sa forme la plus récente et influencée manifestement par la calligraphie mongole. Les autres monuments se rapprochent soit de l'un soit de l'autre type, ou bien ont un caractère intermédiaire.

II.

L'origine de cet alphabet n'est pas douteuse. Klaproth et Abel Rémusat l'ont établie avec certitude (3). L'écriture des Ouigours est le résultat de l'influence des missionnaires nestoriens d'origine syrienne qui se répandirent dans l'Asie intérieure et jusque dans la Chine au septième et au huitième siècle de notre ère. Ce n'est pas ici le lieu d'examiner l'histoire de ces missions qui apportèrent pour la première fois l'Évangile chez les nations tartares et parmi les habitants de l'Empire du

(1) Abel Rémusat, *Recherches sur les langues tartares*, p. 258. — De Sacy, *Journal des savants*, 1825, p. 675.

C'est seulement au cours de l'impression de mon ouvrage que j'ai eu connaissance du beau livre de M. Vambéry sur les monuments de la langue ouigoure et les manuscrits qui les renferment (*Uigurische Sprachmonumente und das Kudatku-Bilik, uigurischer Text mit Transcription und Uebersetzung nebst einem uigurisch-deutschen Wœrterbuche und lithografirten Facsimile aus dem Originaltexte des Kudatku-Bilik*, Insbruck, 1870), livre qui renouvelle complétement cette partie des études orientales. Publié pendant la guerre, le livre de M. Vambéry n'est parvenu que fort tard en France. Voy. à son sujet un article de M. Pavet de Courteille dans le *Journal asiatique*, 7e série, t. I, p. 377-412.

(2) *Abhandl. über die Spr. u. Schr. der Uiguren*, éd. de 1812, pl. no VII.

(3) L'origine syriaque des écritures tartares avait été indiquée, mais non démontrée d'une manière complète, assez longtemps avant ces deux auteurs. Le premier qui en ait parlé est André Thevet, *Cosmographie universelle*, t. II, p. 813, a.

Milieu. Qu'il nous suffise de rappeler que leur existence, contestée pendant longtemps, ne saurait être aujourd'hui mise en doute sans une mauvaise foi flagrante. Les témoignages recueillis par Assemani (1), la mention des métropolitains de la Chine faite encore au treizième siècle par Bar-Hébræus (2), les récits contemporains et un peu postérieurs de Guillaume de Rubruquis (3) et de Marco Polo (4), enfin le précieux passage du *Kitab-al-fihrist* signalé pour la première fois par M. Reinaud (5), donnent à ce sujet les détails les plus précis. Tout ce qui se rapporte à ces chrétientés nestoriennes, et particulièrement les mentions qu'on en retrouve dans les écrivains chinois, ont été rassemblées d'abord par de Guignes (6), puis, de notre temps, par M. Nève (7), par M. l'abbé Huc (8), et enfin d'une manière encore plus complète par M. Pauthier (9). Nous y renverrons le lecteur. Un monument éclatant de la propagation du christianisme à cette époque et des établissements des prêtres syriaques est, du reste, parvenu jusqu'à nous dans la fameuse inscription syro-chinoise de Si-'ngan-fou (10), dont l'authenticité, niée d'abord par les écrivains de la secte philosophique du dix-huitième siècle, admise depuis lors, mais contestée encore une fois par M. Renan et M. Stanislas Julien (11), a été enfin établie d'une manière irréfragable par M. Pauthier dans une dissertation spéciale (12).

Le seul point qui intéresse notre sujet est l'influence que les missionnaires venus de la Syrie exercèrent, grâce à la supériorité de leurs

(1) *Biblioth. orient.*, t. III, part. II, chap. 9 et 10.

(2) *Ibid.*, t. II, p. 255 et 257; t. III, p. 533.

(3) Recueils de voyages et mémoires publiés par la *Société de géographie*, t. IV, p. 301 et suivantes.

(4) *Relazione*, c. CXLVI et CXLIX.

(5) *Géographie d'Aboulféda*, Introd., p. CDI et suiv.

(6) *Mémoires de l'Académie des Inscriptions*, t. XXX, p. 802.

(7) *Établissement et destruction de la première chrétienté en Chine*, Louvain, 1846, in-8°.

(8) *Le christianisme en Chine, en Tartarie et au Thibet*, t. I, p. 44-134.

(9) *L'inscription syro-chinoise de Si-ngan-fou*, 2e partie.

(10) Sur cette inscription, voy. Kircher, *Sina illustrata*, p. 41. — Semedo, *Histoire universelle de la Chine*, p. 230 et suiv. — Visdelou, *Supplément à la bibliothèque de d'Herbelot*, p. 375 et suiv. — Gaubil, *Abrégé de l'histoire de la dynastie des Thang*, dans les *Mémoires concernant les Chinois*, t. XV, p. 446.

(11) Renan, *Histoire des langues sémitiques*, 1re édition, p. 268-272.

(12) *L'inscription syro-chinoise de Si-ngan-fou*, Paris, 1858.

lumières, sur la civilisation des peuples tartares. Étienne Quatremère a recueilli des faits curieux à cet égard, d'où il ressort clairement que dans l'époque qui suivit la venue des prêtres nestoriens, le syriaque était devenu comme une langue savante connue et usitée dans toute la Tartarie. Pour l'écriture, leur présence devait naturellement produire des effets encore plus grands et plus durables.

Les Tartares étaient, en effet, sous ce rapport dans l'état de la plus complète barbarie. Nous voyons dans les auteurs chinois que leur seul moyen de communication graphique était l'emploi de bâtonnets portant diverses marques conventionnelles, appelés par ces auteurs *khé-mou*, c'est-à-dire « bois entaillés » (1). Ces marques étaient susceptibles d'une grande variété, car l'historien Ma-touan-lin nous apprend que, lorsque les chefs des Thou-kioueï (peuple de race turque) voulaient rassembler des troupes, lever des chevaux ou faire disperser les troupeaux des différentes tribus dans tel ou tel endroit, ils envoyaient des bois taillés, déterminant la nature et le nombre des différents objets, ainsi que l'usage que l'on devait en faire (2). Elles constituaient ainsi par leurs formes déterminées comme une sorte d'écriture conventionnelle, et le même écrivain ajoute, en parlant encore des Thou-kioueï, que les signes employés ainsi par ce peuple pour communiquer d'un endroit à un autre étaient presque semblables à ceux des autres barbares (3). Nous avons déjà parlé de ce fait dans notre Introduction (4), et quand un peu plus tard nous étudierons, dans une autre partie de cet Essai, l'origine des écritures runiques usitées parmi les peuples scandinaves, germaniques et slaves, nous rencontrerons la trace d'un usage identiquement semblable, aussi grossier et cependant de même employé

(1) Ma-touan-lin, *Wen-hian-thoung-khao*, k. 342, p. 1 : k. 345, p. 6. — 'Eou-yang-sieou, *Ou-taï-ki-sse*, k. 72, p. 3. — Abel Rémusat, *Recherches sur les langues tartares*, p. 65 et suiv., où nous empruntons ces citations d'ouvrages chinois, auxquels notre ignorance de la langue du Céleste-Empire ne nous a pas permis de recourir directement.

(2) *Wen-hian-thoung-khao*, k. 343, p. 3.

(3) *Ibid.*, p. 4.

Probablement dans ce passage il est fait allusion aux écritures des Hoeï-hou et des Kieï-kasse ou Kirghiz, sortes de runes primitives comme celles des Thou-kioueï. Cf. *Wen-hian-thoun-khao*, k. 348, p. 8.

(4) T. I, p. 5 et suiv.

pendant longtemps pour toutes les circonstances où l'écriture était nécessaire.

En voyant certaines inscriptions tracées sur des rochers voisins du cours du Yénisséï (1), et qui semblent conçues dans une sorte d'écriture runique dont on ne possède pas la clé, on est en droit de supposer que quelques-unes des tribus tartares qui habitaient autrefois la Sibérie avaient trouvé dans l'usage des *khé-mou* et dans leur imitation par le dessin la source d'un système graphique indigène, bien imparfait sans doute et que des écritures plus avancées firent ensuite abandonner. D'autres tribus de la même contrée, restées à un état plus barbare encore, traçaient sur les rochers des bords du Tom et du Smolank des dessins qui rappellent les peintures mnémoniques des Peaux-Rouges de l'Amérique du Nord (2).

Mais les Tartares laissèrent de côté leurs bâtonnets entaillés, leurs premiers essais rudimentaires d'écriture et leurs peintures mnémoniques, lorsque le contact avec des nations plus civilisées leur eut révélé l'usage de systèmes graphiques à la fois plus simples, plus faciles à tracer et beaucoup plus parfaits. Ceux qui habitaient l'extrémité orientale des vastes domaines couverts par cette race, les Khitan ou Liao, de tous les plus anciennement et les plus directement en rapport avec les Chinois, adoptèrent au dixième siècle de l'ère chrétienne pour rendre les tons de leur langue, le syllabaire chinois nommé *li*, en altérant très-notablement la forme des caractères (3). C'est de la même façon qu'au commencement du onzième siècle Zyaksyô forma pour les Japonais, avec des éléments empruntés aux signes chinois, le premier syllabaire de leur langue ou *iroha* (4), auquel succédèrent bientôt les syllabaires *fira-kana* et *kata-kana*.

Quand les Niutchih, rivaux des Khitan et venus du nord de la Mon-

(1) G. Spassky, *De antiquis quibusdam sculpturis et inscriptionibus in Sibiria repertis*, Saint-Pétersbourg, 1822. — L. de Rosny, *Archives paléographiques*, t. I, p. 15 et 16.

(2) Spassky, pl. I et II. — De Rosny, *Archives paléographiques*, t. I, pl. 13 et 14.

(3) Klaproth, *Aperçu de l'origine des différentes langues du monde*, p. 27. — Abel Rémusat, *Recherches sur les langues tartares*, p. 77. — L. de Rosny, *Recherches sur l'écriture des différents peuples*, p. 13.

(4) De Rosny, *Archives paléographiques*, t. I, p. 236-240.

golie, se furent emparés temporairement du trône de la Chine et y eurent installé la dynastie de leurs princes qui prit le nom de Kin, l'empereur Taï-tsu, désirant propager la culture littéraire dans sa propre nation, fit composer par le lettré Kuh-chin une écriture empruntée à celle des Chinois et applicable à la langue niutchih (1). Ceci se passait en 1119. M. Wylie a retrouvé dans le recueil épigraphique chinois *Chih-mih-tsiuen-hoā* par Tchao-han, et fait connaître au public savant de l'Europe (2), la copie d'une inscription conçue dans l'écriture des Niutchih, avec la traduction chinoise. On n'est pas encore parvenu à analyser d'une manière satisfaisante les caractères qui la composent; cependant l'idéographisme paraît y jouer un grand rôle (3), et s'il y a un élément phonétique, il doit être syllabique, comme chez les Chinois.

Mais tout système d'écriture dérivé de celle des Chinois, quoique bien supérieur à celui des entailles sur les morceaux de bois, était encore très-imparfait, et surtout s'appliquait fort mal au génie et au caractère naturel des langues tartares. En effet, le japonais, langue syllabique, où chaque consonne est suivie d'un son vocal comme en chinois, pouvait se rendre d'une manière très-exacte par un syllabaire emprunté à ce peuple. Mais dans des langues, comme celles des Tartares, qui abondent en lettres doubles, en combinaisons de consonnes ou de voyelles placées les unes à côté des autres, l'emploi de caractères d'origine chinoise devait amener dans les mots les plus bizarres déformations. Nous ne possédons pas de textes écrits des Khitan, mais nous pouvons juger de la manière dont les mots y étaient rendus par les transcriptions chinoises qui accompagnent fréquemment les textes mandchous, pour en indiquer la prononciation. Dès que les combinaisons que nous avons énumérées, inconnues à la langue de l'Empire du Milieu, s'y présentent, les mots deviennent méconnaissables. Ainsi

(1) Mailla, *Histoire générale de la Chine*, t. VIII, p. 391. — Gaubil, *Histoire des Mongols*, p. 27. — De Rosny, *Archives paléographiques*, t. I, p. 181 et suiv.

(2) *Journal of the Royal Asiatic Society*, 1re sér., t. XVII, p. 331 et suiv. — De Rosny, *Archives paléographiques*, t. I, pl. 109.

(3) De Rosny, *Archives paléographiques*, t. I, p. 185-187.

apka, « miel », se change en *a-pou-ka*, *teksilembi*, « appareiller », en *te-ke-si-le-mou-pi*, *gildchambi*, « ménager », en *ki-li-tcha-mou-pi*, etc., transcriptions dans lesquelles, contre le génie de l'écriture chinoise, il faudrait pour retrouver les éléments exacts du mot mandchou, extraire les consonnes *p*, *k*, *m*, *l*, des syllabes *pou*, *ke*, *mou*, *li*, ce qui donnerait *apko*, *teksilempi*, *kiltchampi*, encore assez éloignés de la prononciation véritable.

Les peuples placés à l'Occident de la Tartarie furent plus heureux que ceux de l'Orient, grâce à leur contact avec les missionnaires syriens. Avant même que les Khitan eussent adopté leur système idéographique et syllabique d'origine chinoise (car cet événement n'arriva que vers l'an 920, sous le roi Apaoki), les Ouigours possédaient la connaissance de l'écriture alphabétique proprement dite, avec abstraction des consonnes. Cette espèce d'écriture convenait si bien à la nature des idiomes tartares, dont seule elle parvenait à rendre les différentes combinaisons, que, sous le règne des premiers successeurs de Tchinggiz-khan, lorsque toutes les nations touraniennes se trouvèrent réunies sous le même sceptre, les systèmes graphiques empruntés à la Chine cessèrent d'être en usage et l'alphabet ouigour, avec plus ou moins de modifications, fut adopté par les Mongols, les Eulets, les Mandchous et les autres peuples tartares.

Après ce que nous venons de dire, on ne devra pas être étonné du rapprochement que Klaproth et Abel Rémusat ont établi entre l'écriture des Ouigours et le caractère syriaque (2). En effet, les deux écritures

(1) Abel Rémusat, *Recherches sur les langues tartares*, p. 81.

(2) Un fait, qui ne doit pas être négligé ici, est que les mots qui, dans les langues tartares, désignent les choses de l'écriture dérivent du grec par l'intermédiaire du syriaque et du chaldaïque, où ils avaient été adoptés.

Ainsi, le mongol [illegible], *daptar*, et le mandchou [illegible] *tepdelin*, qui désignent les sections, les divisions, les cahiers d'un livre, ont été rapprochés avec toute raison par Klaproth (*Abhandlung über die Sprache der Uiguren*, p. 66) du grec διφθέρα, passé en chaldaïque sous la forme דפטרא. Il a également donné le persan دفتر d'où دفتردار, « secrétaire. » De même, Abel Rémusat (*Recherches sur les langues tartares*, p. 137) a reconnu avec certitude le grec νόμος, devenu en chaldaïque נמוסא et en syriaque ܢܳܡܽܘܣܳܐ dans le mongol [illegible], *noum*, et dans le mandchou [illegible], *nomoun*, qui signifient « doctrine écrite, livre classique. »

sont presque identiques. Les lettres ouigoures ne sont, pour ainsi dire, que des lettres syriaques renversées sur le côté, ainsi que l'on pourra s'en convaincre par le tableau de la planche VII, où nous avons placé, avant les caractères ouigours, les caractères syriaques correspondants, d'abord posés dans le sens où ils ont passé dans cette écriture, puis dans leur position normale.

A part le changement de position dont nous allons rendre compte dans le paragraphe suivant, les formes des lettres n'ont pour ainsi dire pas été modifiées. La valeur des consonnes est aussi restée la même, sauf celle du ژ, qui de *ts* ou *ss* est devenu *tch,* et celle du ب, qui de *b* est devenu *v* ou *f.* Pour ce qui est de l'expression des voyelles, les Tartares ne pouvaient se contenter des points usités par les Syriens. Chez eux, en effet, les sons vocaux avaient un caractère fixe et un rôle essentiel dans la composition des mots. Aussi les Ouigours, comme bien des siècles auparavant les Grecs, les Ibères et les peuples germano-scandinaves, attribuèrent-ils la valeur de simples voyelles aux gutturales faibles א, ה et ע, ainsi qu'à la demi-consonne ו.

représenta chez eux *a* et *e,* comme son prototype phénicien était devenu l'A grec;

représenta *i,* comme son prototype chananéen était devenu le I grec;

représenta *o*, comme le type phénicien était devenu le Υ grec;

enfin fut appelé à l'expression du *y* ou *i*, demi-consonne, et le signe paraît dérivé du ע, auquel s'attachaient plus volontiers chez ces Araméens les voyelles *e* ou *i.*

III.

« Les Jugures, dit Guillaume de Rubruquis ou Ruysbrœck (1), écri-« vent de haut en bas; » et dans un autre passage (2) : « Les Tartares

(1) Chap. 39.
(2) Chap. 27.

« ont pris leurs lettres et leur alphabet ; ils commencent leur écriture « par en haut, qui, comme une ligne, va finir en bas, qu'ils lisent de « la même façon, et multiplient ainsi leurs lignes du côté gauche au « droit. »

Nous avons cité les paroles du naïf voyageur du treizième siècle, car elles contiennent le premier renseignement que l'Europe ait reçu sur les écritures tartares, et la connaissance plus approfondie de ces écritures, due aux érudits modernes, a pleinement confirmé son témoignage. La direction verticale de l'écriture des Ouigours et des autres Tartares est la cause du changement de position des caractères syriaques passés dans cette écriture.

Mais la direction verticale des lignes est-elle de l'invention des Ouigours, ou bien leur vient-elle des Syriens? C'est là une question fort controversée. Bayer (1), et après lui Deshauterayes (2) et Langlès (3), ont soutenu la première opinion, Abel Rémusat (4) la seconde.

Remarquons d'abord que dans l'inscription de Si-'ngan-fou les lignes du texte syriaque estranghelo sont verticales. Mais cela ne prouverait pas grand'chose en faveur de l'opinion de Bayer, car dans ce monument les missionnaires syriens ont pu adopter pour leur écriture une direction inusitée, modelée sur la disposition habituelle des caractères chinois en colonnes verticales. Mais des témoignages formels établissent que dans leur propre pays les Syriens employaient quelquefois pour les lignes de leur écriture la direction de haut en bas.

Le plus ancien de ces témoignages est celui de Theseus Ambrosius dans son Introduction à la langue chaldaïque (5) : « Les Chaldéens, dit « cet auteur (c'est-à-dire les Syriens), quoique lisant leurs lettres de « droite à gauche comme les Hébreux, les Samaritains, les Arabes et « les Carthaginois, ne suivent pourtant pas le même mode en écrivant ;

(1) *De literatura Mangiurica*, dans les *Comment. Acad. Petrop.* t. VI, p. 330. — *Act. erudit. Lips.*, jul. 1731, p. 313.

(2) *Encyclopédie élémentaire, Dissertation sur le mandchou.*

(3) *Alphabet mandchou*, p. 10, 1re édition ; p. 18, 2e édition.

(4) *Recherches sur les langues tartares*, p. 46-62.

(5) *Introductio in Chaldaicam linguam, Syriacam atque Armeniacam et decem alias linguas* (1539, petit in-4°), p. 28.

« c'est-à-dire qu'ils ne conduisent pas leur roseau de droite à gauche, « mais qu'ils tracent leurs lettres *du ciel vers l'estomac*, comme quel- « qu'un l'a dit à ce sujet :

Et coelo ad stomachum relegit Chaldaea lituras.

« Je pense que c'est une manière d'écrire que Festus Pompeïus appelle « τὸ ἔποχον, c'est-à-dire *tombant dessus* ou *appuyé dessus*, *de haut en* « *bas*, comme on écrit à présent vers la droite. Effectivement, les let- « tres ont l'air de tomber ou d'être assises les unes sur les autres, en « se soutenant réciproquement, quand on les considère dans l'ordre « de l'alphabet ou dans le texte d'un discours....; et pour que les lec- « teurs conçoivent mieux ce genre d'écriture, on place ici la prophétie « d'Isaïe, du chapitre XLV, écrite de la manière que les écrivains chal- « déens ont coutume de la tracer :

nbio disaia tesbuhto men
prophetae Isaiae cantico Ex

legel men smayo eithbasmou
desuper coeli stillabunt vel rorate

tethphathahh zadikutho nerson wagnone
Aperietur justitiam. pluant et nubes.

phurkono wenesge argo
Salvatorem et germinabit terra

teswakhi wzadikutho
orietur. et justitia

Le passage est fort important, car la citation faite par Theseus Ambrosius montre avec certitude qu'il avait eu sous les yeux des textes écrits de cette façon. Il en est de même du langage d'Abraham de Hatzel : « Assurément, de plusieurs raisons qui prouvent que la lan- « gue syriaque est plus ancienne que l'hébraïque, il suffit de celle-ci :

« toutes les autres langues écrivent leurs caractères et leurs lettres de « droite à gauche, ou *vice versa;* la seule langue syriaque conduit ses « lignes vers la poitrine. Les autres ont corrigé ce mode d'écriture, qui « est très-vicieux; elle seule l'a conservé, quoique ancien et gros- « sier (1). »

Les autres écrivains qui ont parlé sur cette question, André Thevet (2), Duret (3), Eric d'Eisenach (4), Vossius (5), Michaëlis (6), Bayer (7), Deshauterayes (8), Kopp (9), n'ont fait que reproduire le témoignage de ces deux auteurs. André Masius contient quelques renseignements de plus, et surtout s'exprime plus clairement : « Les « Syriens, en écrivant, ne conduisent pas la main de la droite à la gau- « che, comme font les Juifs ; mais l'ayant placée en sens inverse, ils la « ramènent insensiblement à eux sur le papier posé de travers, par la « raison que de cette manière leurs lettres se forment et plus commo- « dément et plus régulièrement. Du reste, leur manière de lire est « exactement celle que les Hébreux suivent. » Ainsi, d'après Masius, les textes syriaques, même ceux qui devaient se lire de droite à gauche, se traçaient perpendiculairement sous le calame du scribe, quitte à être retournés pour la lecture. Ceci, du reste, est pleinement confirmé par les observations de Adler (10) sur les notes marginales grecques qui accompagnent quelques-uns des manuscrits de la version philoxénienne des Évangiles et indiquent particulièrement la prononciation, consacrée d'après le texte grec, des noms propres d'hommes et de lieux trop défigurés par la transcription en lettres syriaques. Ces notes ont dû être écrites horizontalement, dans le sens habituel de l'écriture

(1) *Catalogus librorum Chaldaïcorum, auctore Hebediesu, latine donatus ab Abrahamo Echelensi,* p. 245-246.

(2) *Cosmographie universelle* (Paris, 1575, in-fol), liv. XVIII, chap. 14; t. II, p. 813.

(3) *Trésor des langues.*

(4) *Renatum a mysterio principium philologiae* (Padoue, 1686, in-8°), p. 75-76.

(5) *Etymol. ling. lat.*, v° *Toepocon.* — Cf. Saumaise, *Comment. in Flav. Vopisc.*, p. 447.

(6) *Orient. Biblioth.*, t. XVII, p. 127.

(7) *Act. erudit. Lips.*, jul. 1731, p. 313.

(8) *Bibliothèque des sciences et des arts,* t. II, part. II, p. 366.

(9) *Bilder und Schriften,* t. II, p. 141 et suiv.

(10) *Version. syriac.*, p. 61. — Cf. *Ling. syriac. instit.*, § 4.

grecque, au-dessus des colonnes du syriaque que le scribe traçait perpendiculairement ; les pages ayant été retournées en reliant, pour faciliter la lecture, et les lignes syriaques ayant, par suite, repris la position horizontale, les notes grecques sont placées verticalement, ainsi qu'il suit, ΕΜΜΑΟΥϹ d'une manière que personne n'aurait employée pour écrire du grec. M. Land a trouvé des faits exactement parallèles dans le manuscrit n° 14558 du Musée Britannique, écrit en l'an 557 de Jésus-Christ (1). L'habitude de tracer ainsi les caractères verticalement pour les lire ensuite horizontalement, explique encore la façon dont sont placées les lettres grecques adoptées comme signes des voyelles dans l'écriture syriaque ; le scribe qui écrivait de haut en bas les traçait dans leur position normale, Α Є Η Ο, mais ensuite, en lisant de droite à gauche après avoir retourné le feuillet, elles se trouvaient renversées, ⏊, ⏊, ⏊, ⏊.

Le langage des grammairiens jacobites jusqu'au treizième siècle quand il s'agit de la position des points par rapport à l'écriture ne peut être compris que d'après cette manière de procéder des scribes (2). Il est vrai que de bonne heure les Nestoriens avaient cessé d'écrire verticalement et traçaient leurs lignes de droite à gauche (3), que même dès le treizième siècle les Jacobites orientaux, chez qui se forma l'école mixte de grammairiens que représente Jacques de Tagrith, suivaient constamment leur exemple (4). Plusieurs érudits, entre autres M. l'abbé Martin (5), sont disposés à croire en conséquence que les Nestoriens n'ont jamais employé la méthode verticale d'écrire. Mais nous ne saurions souscrire à leur opinion, et cela même sans faire en-

(1) Land, *Anecdot. syriac.*, t. I.

(2) R. Payne Smith, *Journal of sacred Literature*, 1863, p. 190 et suiv. — Land, *Anecdot. syriac.*, t. II, p. 13.

(3) Voy. Martin, *Journal asiatique*, 6e série, t. XIX, p. 328-330.

(4) *Ibid.*, p. 331.

(5) *Ibid.*, p. 327.

trer en ligne de compte la direction des lignes du texte estranghelo de l'inscription de Si-'ngan-fou. En effet il résulte formellement de la position des caractères empruntés à l'alphabet malayalam, dans le karschoûny du Malabar dont nous parlions plus haut (p. 40), qu'en cette contrée l'habitude d'écrire verticalement fut introduite en même temps que le type d'alphabet nestorien, et qu'elle se maintint même assez tard, car les formes de lettres dravidiennes qui y portent encore l'empreinte de cette coutume ne sont point anciennes.

Il ressort de ce que nous venons de dire que, si la direction verticale des écritures tartares rappelle les habitudes graphiques des Chinois, les premiers germes ont dû en être apportés chez les Ouigours par les missionnaires syriens. Bayer a fait à ce sujet une remarque décisive. « Les Mongales, dit-il, n'ont pas reçu leurs lignes χαμαιφόρους des Chinois, mais des Syriens, et les Chinois commencent ces lignes χαμαιφόρους à droite, tandis que les Mongales, ainsi que les Syriens, les commencent à gauche (1). »

En effet, dans un texte chinois les colonnes de l'écriture sont disposées dans l'ordre suivant :

6. 5. 4. 3. 2. 1.

| | | | | |

Dans un texte tartare, ouigour, mongol, kalmouk ou mandchou, la disposition est en sens inverse.

1. 2. 3. 4. 5. 6.

| | | | | |

Cette disposition est celle qu'on remarque dans la partie de l'inscription de Si-'ngan-fou écrite en syriaque estranghelo, et dans les phrases en écriture peschito disposée verticalement que nous avons citées plus haut d'après Theseus Ambrosius. Elle dérive de l'habitude des Syriens d'écrire verticalement les lignes qu'ils liront ensuite horizontalement.

(1) *Act. erudit. Lips.*, Jul. 1731, p. 313.

Si l'on s'exerce, en effet, à écrire de haut en bas un texte qui se lira ensuite dans l'ordre suivant :

——————— 1.
——————— 2.
——————— 3.
——————— 4.
——————— 5.
——————— 6.

et en commençant les lignes par la droite, il faudra nécessairement, pour obtenir cette disposition en retournant le papier, que l'on trace la première colonne verticale sur la gauche et que l'on continue les autres en poussant toujours vers la droite.

Au reste, la disposition χαμαιφόρος ne fut pas dès l'abord essentielle et constante dans l'écriture des Ouigours. Comme en syriaque, on pouvait y tracer indifféremment les lignes dans le sens horizontal et dans le sens vertical. Aussi le manuscrit du *Miradj* de la Bibliothèque Nationale est-il composé de lignes horizontales se lisant de droite à gauche comme celles des manuscrits syriaques ordinaires (1).

Où l'influence des Chinois agit sur les différentes écritures tartares, ce fut dans l'adoption définitive, à l'état de règle constante, de la direction verticale de l'écriture. C'est ce qu'a très-bien vu Deshauterayes : « Les Tartares Mancheoux (et ce que cet écrivain dit des Mandchous « doit s'appliquer aussi aux Mongols et même aux Ouigours) ont con- « servé cette manière de tracer leurs lignes à cause de l'obligation où « ils se sont vus de traduire le chinois interlinéairement, ou d'en met- « tre la lecture dans leurs caractères. »

IV.

Dans le tableau comparatif de la planche VII, qui réunit les lettres ouigoures et les lettres syriaques correspondantes, nous avons placé

(1) Abel Rémusat, *Recherches sur les langues tartares*, p. 61.

dans les deux dernières colonnes, pour ces lettres syriaques, les formes employées habituellement dans les manuscrits nestoriens. Ce sont, en effet, celles qui offrent le plus étroit rapport avec les lettres tartares et en expliquent le mieux la dérivation.

L'inscription syro-chinoise de Si-'ngan-fou présentant dans ses lignes syriaques un fort beau caractère estranghelo, et cette dernière écriture étant encore celle qui est employée dans un manuscrit syriaque de la Bible, rapporté de Chine il y a une quarantaine d'années et publié par de Sacy (1), plusieurs savants ont cru que les Nestoriens n'avaient pas apporté d'autre écriture dans l'Asie intérieure et que c'était de là qu'était dérivé le caractère des Ouigours.

Les faits paléographiques ne sauraient se prêter à cette opinion.

En effet, si pour tous les signes de l'alphabet dont la forme est absolument la même en estranghelo et en nestorien on pourrait encore admettre la dérivation de cette première écriture ; en revanche, toutes les lettres dont la figure en estranghelo diffère de celle qu'elles ont en nestorien, se rapportent évidemment à la seconde de ces figures, comme on a pu le voir dans la planche VII, et, au contraire, n'offrent que bien peu de ressemblance avec la première, d'où on les aurait difficilement tirées d'une manière directe. Que l'on compare en effet aux lettres *a*, *ou*, *th*, *m*, *r*, et *v* de l'ouigour les ܐ, ܘ, ܬ, ܪ et ܒ de l'estranghelo, et l'on reconnaîtra tout de suite qu'il est impossible d'en admettre la dérivation diverse et immédiate.

Nous avons remarqué plus haut que le type d'écriture semi-minuscule adopté et conservé par les Nestoriens commençait à apparaître dans les manuscrits vers le neuvième siècle, c'est-à-dire au moment où les missions syriaques florissaient dans la Tartarie et dans la Chine. C'était alors l'écriture cursive, affectée aux emplois vulgaires, tandis que l'estranghelo servait encore pour les usages monumentaux et les manuscrits onciaux. Les prêtres nestoriens qui vinrent s'établir dans l'extrême Asie connaissaient certainement l'une et l'autre, et tandis que les inscriptions monumentales qu'ils élevaient, comme celle de

(1) *Notices et extraits des manuscrits*, partie orientale, t. XII, p. 277 et suiv.

Si-'ngan-fou, ainsi que leurs manuscrits soignés de la Bible, étaient tracés par eux en caractères estranghelo, considérés comme plus beaux et plus solennels, ils enseignaient aux nations qu'ils évangélisaient, afin de les former, dans leur propre langue, à la culture des lettres, l'écriture plus facile et plus rapide qui était pour eux d'un usage vulgaire.

Une autre opinion sur l'origine de l'écriture des Ouigours a été proposée par Klaproth, concurremment avec celle de l'origine syriaque proprement dite. Ce savant, en effet, a voulu découvrir des analogies entre l'alphabet ouigour et celui des *Mendaïtes* ou *Chrétiens de Saint-Jean* (1). Historiquement cette opinion pourrait présenter quelque vraisemblance, car les Sabiens ou Mendaïtes et les Manichéens ont, vers la même époque que les Nestoriens, fondé d'importants établissements religieux en Chine et dans les contrées voisines (2). Paléographiquement elle est insoutenable. Nous parlerons dans le chapitre suivant de l'écriture des Mendaïtes, encore imparfaitement connue quand écrivait Klaproth, et nous en donnerons l'alphabet. Il suffit de comparer les lettres ouigoures aux lettres mendaïtes, en mettant ces dernières dans la position renversée des écritures tartares, pour reconnaître l'impossibilité du rapprochement proposé par l'érudit qui découvrit l'écriture des Ouigours.

Le seul point de contact que l'écriture des Mendaïtes puisse offrir avec celle des Ouigours, consiste en ce que les Mendaïtes, quoique faisant usage d'un dialecte araméen, expriment tous les sons vocaux au moyen de quiescentes, qui rappellent, par conséquent, assez les voyelles tartares. Mais la manière dont ces quiescentes se groupent dans l'écriture mendaïte est toute particulière et ne saurait en aucune façon être comparée à la position des voyelles dans l'écriture tartare. Ces dernières sont placées dans les mots, liées à la consonne qui précède et à celle qui suit, comme toutes les autres lettres (3). Chez les

(1) *Abhandlung über die Sprache und Schrift der Uiguren*, p. 96.

(2) Reinaud, *Géographie d'Aboulféda*, introd., p. CCCLXV.

(3) Les syllabaires, du genre de celui qu'a publié Bayer et qui provenait de la Chine, ne prouvent pas chez les Tartares l'existence d'un groupement syllabique de consonnes avec la

Mendaïtes, au contraire, toute voyelle est liée à la consonne précédente de manière à former un groupe détaché, et ce système de ligatures produit une espèce de syllabaire qui rappelle de loin ceux des Éthiopiens, des Indiens et des peuples de l'ancienne Asie.

V.

Les Ouigours furent, parmi les nations touraniennes de la Haute Asie, la première qui connut l'usage de l'écriture alphabétique, et pendant longtemps cette connaissance demeura leur privilége exclusif (1). Lorsque les Mongols dominèrent toute la race et étendirent au loin leur puissance, Tchinggiz-khan et ses trois premiers sucesseurs, Ogode-khan, Gouïyou-khan et Mœngke-khan prirent pour tenir leurs chancelleries des secrétaires ouigours (2), ce qui fit que non-seulement l'écriture mais la langue de ce peuple fut quelque temps la langue diplomatique des souverains tartares. Le premier prince mongol qui entreprit de créer parmi ses sujets une culture littéraire nationale fut le conquérant de la Chine, Koubilai-tsetsen-khan, le Koublaï des mahométans, le Hou-pi-lié ou Youan-chi-dsou des Chinois, qui régna de 1259 à 1294. Désireux de ranimer et d'implanter définitivement le bouddhisme chez les peuples tartares soumis à son sceptre, ses deux frères, Goodan et Donda, envoyèrent une ambassade au Tibet vers le lama Saadja-Bandida, petit-fils du Sotnam-dsimou qui, sous Tchinggiz-Khan, avait été créé patriarche des Mongols, et lui offrirent les plus grands honneurs s'il consentait à venir au milieu de la nation mongole pour y propager son culte.

voyelle qui les suit. Ce sont de simples transcriptions en lettres tartares des véritables syllabaires dévanâgari et tibétain.

(1) Sur la question de savoir si l'écriture du Tangout, dont parlent quelques témoignages mongols et chinois, était identique à celle des Ouigours ou différente, voy. un travail de M. Banzarof, dans le *Bulletin historico-philologique de l'Académie impériale de Saint-Pétersbourg*, t. V, n° 4. Plus tard, le nom d'*alphabet du Tangout* a été appliqué au tibétain.

(2) Aboul-ghazi, *Histoire généalogique des Tatars*, p. 98.

Saadja-Bandida s'empressa d'accepter la proposition des frères de Koublaï. Quittant le Tibet, il vint s'établir auprès du prince Goodan, auquel il conféra la dignité de prêtre bouddhiste, et pendant sept années qu'il vécut encore demeura le chef religieux des lamistes mongols. Pour répandre la religion du Bouddha dans la masse du peuple au moyen de traductions des livres sanscrits et tibétains, son premier soin se tourna vers la propagation de l'usage de l'écriture, et pour y arriver il entreprit de combiner un alphabet particulier aux Mongols. L'écriture des Ouigours lui servit de type, et il s'efforça de l'adapter exactement aux sons et aux besoins de la langue mongole. Mais il eut la faiblesse de ne pas vouloir dire qu'il avait emprunté sa nouvelle écriture, pour la plus grande partie, aux habitants du Tourfan. Il prétendit, au contraire, qu'il l'avait inventée lui-même et que la disposition des lettres, liées ensemble et placées les unes au-dessus des autres, lui avait été inspirée par l'aspect des *khé-mou*, c'est-à-dire des bâtonnets entaillés dont on se servait auparavant. Saadja-Bandida mourut avant d'avoir achevé son entreprise, et il laissa son nouveau système d'écriture incomplet, sans avoir pu l'appliquer à quelque ouvrage développé (1).

Son successeur comme chef des lamas mongols, Pagba (2), fut chargé bientôt après par Koublaï de dresser un alphabet complet pour la langue mongole. Par vanité, il ne voulut faire aucun usage du travail commencé par Saadja-Bandida, et il rejeta entièrement l'écriture ouigoure. Il fit un choix parmi les caractères tibétains de l'espèce nommée *kchab* en leur donnant une forme plus carrée et en les groupant verticalement, et chercha à les accommoder à l'idiome des Mongols (3).

(1) Pallas, *Samml. histor. Nachrichten über die Mongolischen Vœlkerschaften*, t. II, p. 356 et suiv. — Klaproth, *Ahhandl. über die Sprache und Schrift der Uiguren*, p. 58 et suiv. — Abel Rémusat, *Recherches sur les langues tartares*, p. 31 et suiv.

(2) C'est M. de Grigorief qui a rétabli la forme véritable de ce nom, écrit Pakpa par Pallas, Phaspa ou Phakpa par Klaproth, Paspa par Abel Rémusat et Pa-ssé-pa par les écrivains chinois : *Journal asiatique*, 5e sér., t. XVII, p. 523.

(3) Pallas, *Samml. histor. Nachricht.*, pl. XXII. — Deshauterayes, *Dissertation sur le mandchou*, p. 550 et 551. — Voy. surtout l'important mémoire de M. Pauthier, *De l'alphabet de Pa-sse-pa et de la tentative faite par Khoubilai-Khan au XIIIe siècle de notre ère pour trans-*

On prétendit même officiellement imposer l'alphabet de Pagba pour écrire le chinois (1). Mais cette nouvelle invention rompait trop violemment avec les habitudes que l'on avait prises depuis le règne de Tchinggiz-khan, par suite de l'adoption de l'ouigour comme écriture officielle; aussi, malgré les ordres formels de l'empereur qui voulait qu'on les employât en toute occasion, en fit-on peu d'usage, à cause de la difficulté que l'on y trouvait (2). Nous reviendrons sur cette écriture et sur les quelques monuments qui en subsistent à propos des dérivés du dévanagâri et de leur diffusion parmi les nations tartares.

Le successeur de Khoubilai-tsetsen-khan, nommé Elsete-khan, chargea un parent de Saadja-Bandida, nommé Tsordji-Osir, de traduire en mongol les livres religieux des Tibétains, et lui ordonna de se servir pour cet objet de l'écriture combinée par Pagba. Tsordji-Osir essaya d'exécuter cet ordre, mais ce fut sans succès; l'écriture de Pagba n'avait jamais été adoptée dans l'usage, et tout le monde se servait de l'ouigoure, quoiqu'elle ne pût pas rendre exactement la totalité des sons du mongol. Alors Tsordji-Osir rechercha l'alphabet que Saadja-Bandida avait inventé pour les sujets de Khoubilaï et y fit un certain nombre d'additions, grâce auxquelles il put traduire en entier le grand ouvrage tibétain intitulé *Bangcha-Raktcha;* mais cependant il se vit contraint

crire la langue figurative des Chinois au moyen d'une écriture alphabétique, dans le *Journal asiatique*, 5e sér., t. XIX, p. 1-46.

(1) Sur les monuments de l'alphabet de Pagba-lama appliqué à écrire le chinois, outre le mémoire de M. Pauthier que nous venons de citer, voy. encore le même auteur dans le *Journal asiatique*, 5e série, t. XV, p. 324-338. — Et aussi Wylie, *Transactions of the China branch of the Royal Asiatic Society*, t. V (1855), art. 3; *Journal asiatique*, 5e sér. t. XIX, p. 461.

(2) Sur les monuments de la même écriture en langue mongole trouvés en Sibérie, voy. Grigorief, *Mongolskaya nadpisse vrémeune Mongké-kana, naïdénnaya v. Vostochnoï Sibiri*, Saint-Pétersbourg, 1846. — Schmidt, *Gazette académique de Saint-Pétersbourg*, 1846, n° 249; *Bibliotéka dlya tchténiya*, novembre 1846. — Grigorief, *Otétchestvennyya Zapiski*, décembre 1846. — Bitchourine, *Finskiy-Véstnik*, mai 1847. — Schmidt, *Bulletin historico-philologique de l'Académie impériale de Saint-Pétersbourg*, n° 81. — Banzarof, dans le même recueil, t. V, nos 4 et 9. — Schott, *Archiv für wissenschaftliche Kunde von Russland*, t. VI, p. 323 et suiv. — Banzarof, *Mémoires de la Société impériale d'archéologie de Saint-Pétersbourg*, t. V, p. 328-339; t. VI, p. 441-448. — Savélief, dans le même recueil, t. V, p. 160-165. — Grigorief, *Journal asiatique*, 5e sér., t. XVII, p. 522-558.

d'y laisser encore un assez grand nombre de mots écrits en caractères tibétains (1).

Tsordji-Osir ne se borna pas à ce premier essai. Encouragé par le successeur de Elsete-khan, Khaissan-kouluk, appelé Djenesek-khan par les écrivains musulmans, lequel régna de 1307 à 1311, il compléta son alphabet de manière à y insérer des signes représentant toutes les articulations diverses de la langue mongole, et, pour donner plus d'élégance à l'écriture, il inventa des formes finales particulières pour la plupart des lettres (2). De plus, Tsordji-Osir et les lamas ses successeurs ajoutèrent à l'alphabet des lettres supplémentaires, appelées *galikh* (3) et empruntées à la variété d'écriture devanagârie, spéciale au Tibet; les lettres représentent des sons étrangers à l'idiome des Mongols, qui se présentent dans les nombreuses formules sanscrites insérées dans les livres bouddhiques des Tartares (4).

De ces travaux successifs est résulté l'alphabet que l'on trouvera dans la planche VIII (5), alphabet donné par Bayer (6) et par Abel Rémusat (7), et auquel ce dernier avait imposé le simple nom de *tartare*, car on le trouve dans des livres tracés dans toutes les parties de la Tartarie, et il peut également bien écrire le turc oriental ou ouigour, le mongol, l'eulet, le mandchou, le tibétain et le sanscrit; on l'appelle aussi très-souvent *mongol-galikh*, et c'est le nom que nous avons adopté, à la suite de M. Schmidt (8).

(1) Pallas, *Samml. histor. Nachrichten über die Mongolischen Vœlkerschaften*, t. II, p. 356 et suiv. — Klaproth, *Abhandl. über die Sprache und Schrift der Uiguren*, p. 55 et suiv. — Abel Rémusat, *Recherches sur les langues tartares*, p. 31 et suiv.

(2) Pallas, *loc. cit.* — Klaproth, *loc. cit.* — Abel Rémusat, *loc. cit.*

(3) Le nom de *galikh* paraît avoir désigné d'abord l'ensemble de l'alphabet et dériver du sanscrit *ka-lêkah* « écriture de la série *ka* », comme on dit *ka-vargah*.

(4) Pallas, *Samml. histor. Nachricht.*, t. II, p. 362. — Abel Rémusat, *Recherches sur les langues tartares*, p. 36.

(5) Nous avons supprimé dans ce tableau tous les signes auxquels on donne d'ordinaire place dans l'alphabet, mais qui sont en réalité composés par la réunion de deux lettres élémentaires. Ce sont ceux qui ont les valeurs de *â*, *û*, *ai*, *gh*, *ng*, *djh*, *ṭh*, *ḍh*, *bh*, *ksch*.

(6) *Elementa litteraturae Brahmanicae, Tangutanae, Mungalicae*, dans les *Comment. Acad. Petrop.*, t. III, p. 389 et suiv.; t. IV, p. 290 et suiv.

(7) *Recherches sur les langues tartares*, pl., col. 2.

(8) *Grammatik der Mongolischen Sprache*, pl. à la fin.

Nous avons, dans le tableau de cet alphabet, marqué d'un astérisque les signes additionnels ou *galikh*. L'origine n'en est pas douteuse; il suffit pour s'en rendre compte de les mettre en regard des caractères tibétains correspondants (1).

[illegible]	sort évidemment de	[illegible],	ou plutôt du sanscrit [illegible]
[illegible]	»	»	[illegible]
[illegible]	»	»	[illegible]
[illegible]	»	»	[illegible]
[illegible]	»	»	[illegible].

Quant aux lettres qui rendent les articulations propres à la langue mongole, la source unique en est l'alphabet ouigour. Le procédé employé par Saadja-Bandida et Tsordji-Osir pour en porter le nombre de 16 à 27 est simple et facile à comprendre. Il consiste à tirer d'un même caractère ouigour plusieurs lettres nouvelles par l'addition de traits adjectices ou de points diacritiques. Ainsi

[illegible]	*a*	a produit	[illegible]	*a.*
			[illegible]	*e.*
[illegible]	*o*	»	[illegible]	*o.*
			[illegible]	*œ*, *u.*
[illegible]	*p*	»	[illegible]	*p.*
			[illegible]	*ph.*
			[illegible]	*b.*
[illegible]	*s*	»	[illegible]	*s.*
			[illegible]	*ç.*
			[illegible]	*sch.*

(1) Ces signes additionnels ne sont pas constamment employés dans la transcription des noms sanscrits. Ainsi, pour ne citer qu'un seul exemple dans le même livre, le *Man, han, si-fan-tsi-yao*, le mot *mahâ* « grand » est rendu par [illegible], *macha*, avec le signe : [illegible] à la place du *galik* [illegible], dans le nom du *Boddhisatva* [illegible] *Machasatou*, sanscrit *mahâsatoua*, et par [illegible] *maha*, avec le *galikh*, dans le nom d'un génie bouddhique [illegible], *Maha-çouari-gin-ouroun*, en sanscrit *Mahâ-schouarivasannra* « le grand esprit qui subsiste par lui-même. » Cf. Abel Rémusat, *Recherches sur les langues tartares*, p. 38.

ᠳ *t*	»	ᠳ *t.* ᠳ *t* dur. ᠳ *d.*
ᠵ *tch*	»	ᠵ *tch.* ᠵ *tchh.* ᠵ *dj.*

Les points diacritiques ont aussi été ajoutés à quelques caractères non sortis de la même source pour empêcher la confusion, lorsque la forme donnée dans la nouvelle écriture tartare à ces caractères eût pu la rendre trop facile. C'est ainsi que l'on a distingué ᠨ = *n* de ᠠ = *a* et de ᠡ = *e*. De bonne heure, du reste, on avait adopté des points semblables pour empêcher, dans l'ouigour, toute confusion possible entre le *k* et le *kh*.

D'après le témoignage des historiens mongols, voici comment il semble qu'il faudrait déterminer la part qui doit revenir à chacun des deux inventeurs dans la combinaison de l'alphabet mongol galikh. Saadja-Bandida se serait borné à emprunter les dix-sept lettres ouigoures et à en modifier quelque peu la forme pour se faire croire l'inventeur de l'écriture qu'il enseignait aux Mongols (1); ce serait donc lui à qui l'on devrait l'aspect calligraphique particulier qui apparaît déjà si caractérisé dans les lettres adressées à Philippe le Bel par les souverains mongols de la Perse, en 1289 et 1305, et conservées actuellement aux Archives Nationales (2). Tsordji-Osir, pour sa traduction du *Bang-cha-Raktcha,* aurait joint à ce premier fond la plupart des lettres nouvelles, tirées, comme nous venons de le montrer, des caractères ouigours, sauf ᠧ, ᠧ, ᠵ et ᠹ, qu'il aurait inventé seulement sous Khaïssan-Kouluk (3), distinguant en même temps pour la première fois *e* de *a*, *o* ou *eu* et *au* de *u*. Cependant on trouve déjà le signe de *eu* dans la lettre d'Argoun-khan à Philippe le Bel, écrite en 1289, c'est-

(1) Klaproth, *Abhandl. über die Spr. und Schr. der Uiguren,* p. 59. — Abel Rémusat, *Recherches sur les langues tartares,* p. 33.

(2) Abel Rémusat, *Mémoire sur les relations politiques des princes chrétiens et particulièrement des rois de France avec les empereurs mongols,* dans les *Mémoires de l'Académie des Inscriptions,* nouv. sér., t. VII.

(3) Klaproth, p. 65. — Abel Rémusat, p. 35.

à-dire antérieurement à l'avénement de Kaïssan-Kouluk; sur ce point donc la tradition est contredite par les faits. Ce qui paraît plus exact est l'attribution de l'invention des formes finales des caractères de l'alphabet, telles qu'elles ont fini par être adoptées, à la dernière partie des travaux de Tsordji-Osir, car dans la lettre d'Argoun-khan à Philippe le Bel, et même dans la lettre un peu postérieure d'Euldjaïtou, le tracé des finales est dans un autre sentiment que celui que nous voyons prévaloir plus tard.

L'introduction des *galikh,* ou lettres empruntées directement à l'alphabet tibétain, fut encore plus récente que l'époque où florissait Tsordji-Osir.

Nous ne savons pas quel était, chez les Ouigours, l'ordre des lettres dans l'alphabet; probablement il était emprunté à celui des Syriens. Dans l'ordonnance de l'alphabet de Saadja-Bandida et de Tsordji-Osir, ou plutôt du syllabaire qui se forme de la combinaison des signes des consonnes et des voyelles, on sent l'influence de la culture indienne apportée par les prêtres bouddhistes du Tibet. Il est, en effet, disposé comme les syllabaires dévanagâris.

VI.

L'écriture de Saadja-Bandida et de Tsordji-Osir était une écriture savante, inventée pour la transcription et la traduction des livres religieux du bouddhisme. Elle se modifia en passant dans l'usage vulgaire chez les Mongols. Les formes d'un certain nombre de caractères s'altérèrent et s'éloignèrent de plus en plus du type syriaque. En outre, on ressentit moins vivement le besoin de multiplier les signes pour représenter des nuances presque insensibles de prononciation. On trouva, au contraire, que le nombre trop grand en nuisait à la commodité de l'usage, et on s'efforça de simplifier l'alphabet. Par suite, on se borna à conserver une seule lettre pour exprimer *p*, *ph* et *b*, absolument comme dans l'ouigour; les signes du *t* et du *t* dur furent retranchés, ainsi que ceux du *tchh* et du *dj*. Ainsi fut combiné l'alphabet mongol vulgaire, employé dans un assez grand nombre de manuscrits et de livres imprimés en Chine (1). Cet alphabet, du reste, se forma tout naturellement à côté de celui qui, plus développé, servait aux ouvrages du bouddhisme et prit naissance en même temps dans l'emploi exclusif des lettres exprimant les sons propres aux mots vraiment mongols. Les lettres d'Argoun-Khan et d'Euldjaïtou à Philippe le Bel nous le font saisir en flagrant délit de formation à la fin du treizième siècle et au commencement du quatorzième.

Les Eulets ou Kalmouks, placés géographiquement au nord des Mongols, reçurent l'écriture de ces derniers. Leur alphabet est identique à celui des Mongols, seulement avec les lettres un peu plus déformées et quelques signes ajoutés, pour rendre des sons particuliers à leur langue et manquant à celle des peuples tartares qui avaient antérieurement possédé l'usage de l'écriture.

Ces signes sont composés, du reste, par le même procédé que ceux ajoutés par Tsordji-Osir à l'alphabet ouigour. Ainsi :

} dérivés de l'ouigour , se subdivisent encore chacun en deux lettres :

produit { = *a* ; = *u*   produit { = *ou* ; = *ó*

Les Eulets distinguent le *ph* du *p* comme dans l'alphabet de Tsordji-Osir, mais pour cette articulation ils emploient le signe , qui dans l'alphabet des Tartares lamistes a la valeur, non de *ph*, mais de *b*.

Dans leur écriture, il n'y a pas de différence entre la forme initiale et la forme médiale des lettres, comme dans l'alphabet de Tsordji-Osir et dans le mongol vulgaire, et deux caractères seulement, le *k* et le *kh*, possèdent des formes particulières à la position de finales.

Abel Rémusat (2) est le premier qui ait publié un alphabet eulet, en l'extrayant des syllabaires rapportés de Sibérie et du nord de la Chine

(1) Sur cet alphabet, voy. Abel Rémusat, *Recherches sur les langues tartares*, p. 51; pl., col. 3. — Et surtout Schmidt, *Grammatik der Mongolischen Sprache*, Saint-Pétersbourg, 1831.

(2) *Recherches sur les langues tartares*, p. 41; pl., col. 4.

par Witsen (1) et par Benjamin Bergmann (2). Cet alphabet est celui que nous reproduisons.

Enfin, de toutes les nations touraniennes du nord de l'Asie, celle qui, par sa position géographique reculée à l'extrémité orientale du continent, devait la dernière recevoir l'usage de l'écriture alphabétique d'origine syriaque, est la nation des Mandchous, de race tongouse. Il suffit de jeter un coup d'œil sur leur alphabet, tel que les travaux du P. Amiot (3), de Bayer (4) de Hyde, de Lacroze (5), de Deshauterayes (6), de Gerbillon (7), de Langlès (8) et d'Abel Rémusat (9) nous le font connaître, pour voir que le caractère syro-ouigour a dû passer par les intermédiaires de l'alphabet mongol-galikh et du mongol vulgaire avant de parvenir jusqu'à eux. De plus, l'influence du chinois se ressent dans l'écriture mandchoue plus que dans les autres écritures tartares et donne à un grand nombre de lettres des formes bizarres et compliquées. Les points diacritiques sont aussi beaucoup plus multipliés dans cette écriture.

Le *o* et le *u* se distinguent par ce moyen et non par des différences de forme.

Il en est de même des signes: final $= k$, » $= g$, » $= kh$; et des lettres $= d.\ t.$, $= th.$

En revanche, le *s* et le *sch* n'ont pas, comme les autres alphabets tartares, des points comme moyen de distinction : mais la forme en est différente.

(1) *Noort en oost Tartarye*, 1re édition, pl. 131 et pl.
(2) *Nomadische Streifereien unter den Kalmüken*, t. I, pl. X et suiv.
(3) *Dictionnaire mantchou*, Paris, 1789.
(4) *Comment. Acad. Petrop.*, t. VI, p. 330.
(5) *Commercium epistolicum Lacrozianum.*
(6) *Dissertation sur le mancheou*, dans les *Tablettes sur les sciences et les arts* du P. Petity, t. II, part. II, p. 546.
(7) *Elementa linguae tartaricae*, dans la collection de Thévenot, t. II, part. II. — *Mémoires sur les Chinois*, t. XIII, p. 39-73.
(8) *Alphabet mantchou*, 1re édition, Paris, 1787; 2e édition, Paris, 1807.
(9) *Recherches sur les langues tartares*, p. 41; p. 90 et suiv.; pl., col. 5.
Voy. encore Lucien Adam, *Grammaire de la langue mandchoue*, Paris, 1873.

De même le *b* et le *p* se reconnaissent, non par la même différence de tracé dans l'eulet ou dans l'alphabet de Tsordji-Osir, mais par une autre modification de la figure, ᠪ et ᡦ.

L'époque à laquelle l'écriture fut introduite chez les Mandchous est inconnue; elle doit être antérieure à leur invasion dans la Chine, car, une fois devenus les dominateurs de ce pays, s'ils n'avaient pas déjà possédé leur alphabet particulier, fort bien adapté aux articulations de leur langue, il est probable qu'ils auraient pris l'écriture aussi bien que la culture littéraire du peuple vaincu. Mais ce n'est que depuis l'avénement de la dynastie actuelle au trône du Céleste Empire que l'usage de l'écriture est devenue considérable chez les Mandchous, par suite de la création d'une littérature nationale, imitée ou traduite en très-grande partie des plus célèbres ouvrages chinois.

Afin d'épargner la place, nous avons, à la planche IX, réuni dans un seul tableau les trois alphabets mongol, eulet ou kalmouk et mandchou. La comparaison de ces trois alphabets, soit entre eux, soit avec l'ouigour et l'écriture de Saadja-Bandida et de Tsordji-Osir, servira de contrôle matériel aux observations que nous venons de faire dans ce paragraphe.

VII.

Telle est l'histoire de la formation successive des écritures tartares. Tous ces alphabets sont de combinaison bien récente, mais, on le voit, pour nous cette histoire avait un véritable intérêt. C'est, en effet, comme la répétition de ce qui s'est passé lors de la propagation de l'alphabet phénicien chez les différents peuples qui habitaient les rivages de la Méditerranée.

Il était d'ailleurs très-curieux de suivre la marche de cette grande invention de l'écriture alphabétique, se répandant de dérivations en dérivations, par une filiation certaine, des contrées araméennes jusqu'aux rives de la mer du Japon. La fortune de l'écriture syriaque, parmi les alphabets orientaux, n'a de comparable que celle de l'écriture arabe, que nous verrons portée par l'influence de l'islamisme chez les Persans, chez les Turcs, dans l'Inde, jusque dans la Malaisie et dans la plus grande partie du continent africain. Mais cette dernière marche de l'un des dérivés de l'alphabet phénicien appartenant à la famille araméenne nous présentera, lorsque nous nous occuperons de l'arabe, moins d'observations intéressantes que la marche du syriaque et des écritures qui en sont sorties chez les peuples tartares. Nous nous étendrons moins longuement sur ce sujet, que nous effleurerons cependant pour y montrer la justification de ce que nous avons avancé dans notre Introduction, « que, partout où l'on rencontre une écriture purement et exclusivement alphabétique, on peut dire avec certitude, *à priori*, qu'elle se rattache, avec plus ou moins d'intermédiaires, à la source phénicienne. »

Pour ce qui se rapporte aux nations du nord de l'extrême Asie, nous venons d'en fournir la démonstration. Un seul alphabet proprement dit, dans cette immense étendue de territoire, a été laissé de côté par nous : c'est l'alphabet coréen, où les érudits veulent, en général, reconnaître un dérivé de l'écriture syllabique des Chinois. Nous reviendrons sur cet alphabet en parlant des écritures sorties du dévanagâri, et nous espérons alors établir sa filiation par le moyen de cet intermédiaire, avec autant de certitude que celle du mongol, de l'eulet et du mandchou par le moyen du syriaque.

Mais il nous faut revenir maintenant à d'autres écritures de la famille araméenne, appartenant à une date plus ancienne et beaucoup moins éloignées du prototype phénicien.

CHAPITRE IX.

L'ALPHABET SABIEN.

I.

Les environs de Wasith, de Howaizah et de Bassora sont encore aujourd'hui habités par une curieuse population parlant un idiome particulier, ayant un culte, des dogmes et des institutions religieuses séparés de ceux des peuples voisins. Cette population se donne les noms de Nasoréens, נאצוראייא (1), Mendaïtes, מאנדאייא, ou Sabiens, צאבאייא (2). Les Arabes et les autres habitants des contrées à l'entour les appellent aussi quelquefois Nabatéens (3), Galiléens (4) ou Chrétiens de saint Jean (5), nom sous lequel ils ont été d'abord connus en Europe.

(1) Voy. Paulus, *Memorab.*, t. III, p. 120.

(2) Kæmpfer, *Amoenitates exoticae*, p. 437. — Michaëlis, *Orient. Biblioth.*, t. XIII, p. 30; t. XV, p. 131; t. XVII, p. 43. — Chwolsohn, *Die Ssabier und das Ssabismus*, Saint-Pétersbourg, 1856.

(3) Bellermann, *Archæol.*, p. 58. — Rav, *De eo quod Arabes ab Aramaeis acceperunt*, part. II, § 3. — Kopp, *Bilder und Schriften*, t. II, p. 326. — Quatremère, *Mémoire sur les Nabatéens*, p. 63; cf. p. 100 et 103. — Renan, *Histoire des langues sémitiques*, 1re édit., p. 129 et suiv.

(4) Michaëlis, *Grammat. syr.*, p. 17; *Orient. biblioth.*, t. XV, p. 144; t. XVII, p. 44.

(5) Kæmpfer, *Amoenitates exoticae*, p. 435. — Assemani, *Biblioth. orient.*, t. III, part. II, p. 609. — Millin, *Magasin encyclopédique*, 1807, t. II, p. 24.

Les doctrines religieuses de ce peuple sont exposées dans le *Livre d'Adam*, le *Livre de saint Jean-Baptiste* et le *Rituel*, publiés au commencement de ce siècle par Norberg (1). Elles ont été étudiées successivement par mon père, dans des cours professés à la Sorbonne en 1839 et demeurés inédits, par M. Chwolsohn, dans son grand ouvrage intitulé *Die Ssabier und das Ssabismus*, qui a paru sous les auspices de l'Académie impériale de Saint-Pétersbourg, par M. Kunik, qui a analysé et fait connaître au public les travaux de M. Chwolsohn avant qu'ils eussent vu le jour (2), enfin par M. Renan, qui a résumé très-rapidement les résultats acquis par ces érudits, en y ajoutant quelques observations à lui propres (3).

Il résulte de ces différents travaux que la religion des Sabiens ou Mendaïtes, telle qu'elle est encore pratiquée, est un grossier mélange de quelques idées chrétiennes, entièrement dénaturées, avec des croyances païennes qui se rattachent directement aux cultes antiques du bassin de l'Euphrate. D'après l'aveu même de la secte, la rédaction du *Livre d'Adam* est postérieure à l'islamisme, et ne remonte pas plus haut que le neuvième ou le dixième siècle, époque où ce livre fut composé pour remplacer les anciens écrits religieux du peuple, détruits par le fanatisme des premiers musulmans. Mais tout le monde s'accorde à reconnaître une haute antiquité à la plupart des doctrines que cet ouvrage renferme. La fusion même de quelques idées, ou plutôt de quelques légendes bibliques et chrétiennes, avec les croyances du paganisme, qui en forme un des caractères particuliers, doit être reportée aux premiers siècles du christianisme. M. Renan (4) et M. Chwolsohn (5) ont en effet démontré qu'Origène, dans ses Φιλοσο-

(1) *Codex Nasaraeus*, Lundini-Gothorum, 1816.

Le livre d'Adam a été réédité depuis par M. Petermann, *Thesaurus seu liber magnus vulgo « Liber Adami » appellatus*, Leipzig, 1867, in-4°.

Sur les manuscrits mendaïtes de Paris et de Londres, voy. Euting, *Zeitschrift der deutschen Morgenl. Gesellsch.*, t. XIX, p. 120-136.

(2) *Mélanges asiatiques* de l'Académie de Saint-Pétersbourg, t. I, p. 631-685.

(3) *Histoire des langues sémitiques*, 1re édition, p. 229-239. — Cf. T. Burckhardt, *les Nazaréens ou Mendaïtes*, Strasbourg, 1840.

(4) *Journal asiatique*, novembre-décembre 1853.

(5) *Die Ssabier und das Ssabismus*, p. 112 et suiv.

φούμενα (1), parlait des Mendaïtes ou Sabiens lorsqu'il exposait l'histoire et les dogmes de la secte des Elchasaïtes, apparue d'après lui en Orient vers le temps du pontificat de saint Calliste. Tout ce qu'il rapporte de cette secte s'applique très-exactement aux semi-païens des environs de Wasith et de Bassora, et les noms qu'il donne aux deux chefs de la doctrine, Ἀλχασαΐ et Σοβιαΐ, paraissent bien être, l'un celui d'un personnage nommé dans le *Kitâb-al-fihrist* (2) الحسيح, l'autre l'appellation ou surnom צאבאייא, « le Sabien ». C'est probablement à cause de ce mélange d'opinions chrétiennes que Mahomet (3) place les Sabiens, الصابيون, parmi les peuples qui ont une révélation et qu'il faut tolérer, au même titre que les Juifs, les Chrétiens et les Mages.

L'idiome des Mendaïtes est araméen. Le peuple qui le parle doit être considéré comme le descendant de ces tribus araméennes conquises à la civilisation babylonico-assyrienne que les inscriptions cunéiformes nous montrent habitant dans les marais de la Chaldée (4). Cet idiome se rapproche du chaldéen talmudique (5), mais avec de très-fortes altérations, lesquelles consistent : 1° dans l'emploi constant des trois quiescentes א, ו, י, comme voyelles, même brèves ; 2° dans la confusion des gutturales ה et ח, א et ע, ainsi que dans leur élision fréquente et leur remplacement par א (6) ; 3° dans le changement des

(1) P. 229, ed. Miller.

(2) P. ٣٢٠, ed. Fluegel.

(3) Coran, II, 59 ; V, 73 ; XXII, p. 17.

(4) Voy. plus haut, t. I, p. 214.

(5) De Sacy, *Journal des Savants*, 1819, p. 650.

(6) Les principales règles de la vocalisation et de l'échange des gutturales douces sont les suivantes :

1° On rend *a* et *â* par א, *i* par י et *ou* par ו, la diphthongue *ai* par אי et la diphthongue *au* par או ;

2° Les voyelles mixtes *e* et *o* s'écrivent י et ו au milieu des mots;

3° Les sons *e* et *i* finaux sont représentés en יא ;

4° Au commencement d'un mot on met toujours א pour *a* ou *â*, que la première radicale soit א ou ע ; ainsi, à côté de אדאם « Adam », nous lisons ארבא « quatre » ou אבדא « serviteur. » Cependant le ע se conserve quand le mot est précédé d'une des particules ב, ל et ו.

5° Au contraire, que la première radicale soit א, י ou ע, quand le mot commence par le son *i* ou *e*, on emploie le ע. Exemples : עדא, « main » ; עדא, « il sait » ; עמא, « mère » ; עבאד, « je ferai » ; עמאר, « je dirai » ; ענגירתא, « lettre ». Quelquefois même les sons *i* et *e* sont représentés par ע dans l'intérieur des mots ou à la fin. Exemples : לע, « à moi » שאלמאנע,

lettres douces en fortes et réciproquement; 4° dans la fréquence des contractions et des agglutinations de mots, dans une tendance à n'écrire que ce qui est prononcé; 5° dans la substitution de l'emploi du נ au redoublement des consonnes, comme dans le chaldéen biblique; 6° dans l'usage de la préformante נ pour indiquer le futur, comme en syriaque; 7° dans une foule d'irrégularités orthographiques représentant la prononciation.

« Parmi les dialectes écrits, dit M. Renan (1), le mendaïte est cer-
« tainement le plus dégradé de la famille sémitique; il représente, dans
« cette famille, le patois, la langue abandonnée au caprice du peuple
« et ne suivant dans son orthographe que le témoignage de l'oreille,
« sans égard pour l'étymologie. »

II.

Ce peuple à la physionomie si originale, des Sabiens ou Mendaïtes, possède encore aujourd'hui une écriture à lui spéciale et notablement différente de celles des autres nations de la même famille et du même rameau. Thévenot (2) est le premier qui l'ait fait connaître en Europe; après lui Ed. Bernard (3), Kæmpfer (4), Morton (5), les auteurs du

« pacifiques »; לישאנע, « les langues »; נעשמא, « nous entendons ». La substitution du ע au י est constante quand cette dernière lettre est la troisième radicale, pour éviter l'accumulation d'une trop grande quantité de י successifs, comme par exemple dans מצעייא, « ceux qui peuvent », et שרעיא, « celle qui habite. » Il y a là certainement un souvenir de la vocalisation presque constante du ע dans l'ancienne prononciation babylonienne.

Quelques mots présentent d'étranges pléonasmes dans l'expression du son *i*, comme ביעיריג = ביריג, nom du dieu de la planète Mars, ניעיול, « nous entrerons », et דכיעין, « les purs. »

6° Quant à ce qui est de *u* et de *ú* initiaux, on écrit עו, rarement ע. Exemples : עוראיתא, « la loi »; עובדיא, les actions »; עותרא et עתרא, « éon ».

(1) *Histoire des langues sémitiques*, 1re édition, p. 238.

Cf. Norberg, *Commentatio de religione et lingua Zabiorum*, dans les *Comment. Soc. Reg. Scienc. Gotting.* pour 1780. — Voy. surtout le beau et récent travail de M. Th. Nœldeke, *Ueber die Mundart der Mandæer*, dans le tome X des *Abhandlungen der kœnigl. Gesellschaft der Wissenschaften zu Gœttingen.* — Merx, *Grammatica syriaca*, p. 19-21.

(2) *Relation de divers voyages*, 1664.

(3) *Litteratura orbis eruditi a charactere samaritano deducta.*

(4) *Amoenitates exoticae*, fasc. II, p. 441.

(5) Dans sa réimpression du travail d'Ed. Bernard, 1769.

Nouveau Traité de diplomatique (1), Michaëlis (2), Buettner (3), les auteurs de l'*Encyclopédie méthodique* (4), Niebuhr (5), Frey (6), Wahl (7), Norberg (8), ont donné des alphabets mendaïtes. Mais la véritable forme des caractères n'a été exactement reproduite que par Kopp (9), et après lui par Hoffmann (10). De plus, des fac-similés extraits de différents manuscrits ont été publiés comme spécimens par Thévenot, par Norberg (11), par Hyde (12), et dans la *Paléographie universelle* de Sylvestre (13).

La circonstance qui donne à l'écriture sabienne une physionomie très-différente de celle des autres écritures sémitiques, est la manière dont les voyelles se groupent en façon d'appendices avec la consonne précédente. Originairement ce groupement ne constitue pas un système d'écriture syllabique, car ce ne sont pas des traits purement conventionnels qui s'ajoutent à la consonne, comme dans l'éthiopien, l'aryen et les écritures de l'Inde; ce sont les figures mêmes des quiescentes א, ו, י. Mais, quoi qu'en ait dit Kopp (14), cette combinaison finit par produire un véritable syllabaire (15), qui ne manque pas d'une certaine

(1) T. I, part. II, pl. IX.
(2) *Grammat. syr.*, tab. ad § 5.
(3) *Figurae variaeque formae litterarum hebraïcarum, syriacarum et arabicarum*, Gœttingue, 1769, in-fol.
(4) *Recueil des planches*, t. II, part. I, pl. V, n° 7.
(5) *Reisebeschreibung*, t. II, pl. II, F.
(6) *Pantograph.*, p. 284.
(7) *Morgenlænd. Sprachgesch.*, pl. VIII.
(8) *Comment. de relig. Zab.*, pl. I.
(9) *Bilder und Schriften*, t. II, p. 334-336.
(10) *Grammat. syr.*, pl. III.
(11) *Comment. de relig. et ling. Zab.*, pl. II. — *Codex Nasaraeus*, t. I, in fin.
(12) *De religione Persarum*, pl. XVI; cf. p. 251.
(13) T. I, sect. 16, syriaque, pl. I, n° 2.
(14) *Bilder und Schriften*, t. II, p. 531 et suiv.
(15) Bayer, *Act. erudit. Lips.*, 731, p. 312. — Bueltner, *Vergleichungstaf.*, I, 11. — Michaëlis, *Orient. Biblioth.*, t. I, p. 38; t. XV, p. 130; t. XVI, p. 5. — Norberg, *Comment. Soc. Reg. Gotting.*, III; in fin. — Bellermann, *Handbuch der biblischen Literatur*, t. I, p. 50. — Eichhorn, *Gesch. der Literat.*, t. V, p. 447. — Millin, *Magas. encyclop.*, an IX, t. II, p. 44. — Jahn, *Einleit. in die Bücher des Altes Bundes*, p. 34. — Hayer, dans le *Magazin* de Klaproth, t. I, p. 500.

analogie extérieure avec ceux des écritures que nous venons d'énumérer, bien que produit par un tout autre principe.

On trouvera dans la planche X l'alphabet et le syllabaire des Mendaïtes.

Kopp est le premier qui se soit occupé d'une manière vraiment scientifique à en rechercher l'origine. Il a constaté l'étroite parenté de cette écriture avec les caractères araméens. Mais, n'en connaissant que la forme assez récente employée dans les manuscrits du *Livre d'Adam*, il n'a pas pu en établir exactement la filiation, et s'est borné à dresser un tableau dans lequel il a mis en regard des lettres sabiennes les lettres des alphabets voisins qui lui ont paru le plus y ressembler. Il a de cette façon trouvé dans le mendaïte onze caractères analogues au palmyrénien, un au syriaque estranghelo, cinq au syriaque nestorien, et cinq ressemblant au pehlevi des monuments sassanides.

Nous avons, quant à nous, peu de goût pour les procédés de comparaison entre les différentes écritures, qui consistent à mettre en regard et à rapprocher d'un alphabet dont on veut rechercher l'origine, des caractères empruntés à plusieurs alphabets, de pays et surtout d'époques différentes. Par ce procédé on ne peut jamais arriver à un résultat certain pour établir la filiation d'une écriture, et souvent on se trouve entraîné à de graves erreurs. A nos yeux, il n'y a qu'une seule manière d'agir dans des recherches de la nature de celles auxquelles nous nous livrons : c'est, dès que l'on a reconnu par un examen général à quelle famille appartient l'alphabet que l'on veut étudier, de le comparer aux alphabets plus anciens en date de la même famille, particulièrement à celui que les raisons historiques semblent désigner plus spécialement comme ayant dû y servir de type. Par là on arrive rapidement et d'une manière certaine à en reconstituer la généalogie et à retrouver la place qui lui appartient dans l'immense série des dérivations de l'écriture phénicienne.

Nous allons appliquer ces procédés à l'alphabet sabien, et ils nous mettront à même de reconnaître dans cette écriture un dérivé direct de l'araméen tertiaire ou palmyrénien, du même rang que le pamphylien, le syriaque estranghelo et l'auranitique, entièrement indépendant de ces derniers alphabets et complétement *sui juris*.

III.

Plus heureux que Kopp, nous aurons pour cette recherche un puissant secours qui lui faisait défaut. Ce sont des monuments véritablement primitifs de l'écriture sabienne ou mendaïte, antérieurs de plusieurs siècles à la rédaction du *Livre d'Adam*, qui nous font connaître la forme la plus ancienne des lettres, assez sensiblement altérée dans les manuscrits de cet ouvrage.

Le plus considérable de ces monuments comme étendue, et le seul qui appartienne à l'épigraphie proprement dite, est une longue inscription en vingt lignes, tracée sur une lame de plomb découverte par le colonel John Taylor dans une sépulture antique, au lieu nommé Abouschadhr, dans la Chaldée méridionale, à peu de distance du confluent du Tigre et de l'Euphrate, tout à côté des pays habités aujourd'hui par les restes des Mendaïtes. Copiée par sir Henri Rawlinson, elle a été publiée par M. Bunsen (1), et M. F. Dietrich en a donné un essai d'interprétation, dans lequel, à côté d'excellentes choses, on remarque des lectures de phrases qui n'appartiennent au style épigraphique d'aucun peuple. Le travail présentait, du reste, de très-grandes difficultés, et, quoique l'explication de M. Dietrich ne puisse être considérée comme définitive, on doit admirer la rare sagacité avec laquelle cet érudit est parvenu à la fixation paléographique de la nature et de la valeur des caractères. Nous ne possédons qu'une copie de l'inscription. Il y a un certain nombre de lettres douteuses, et l'on est obligé de supposer quelques lacunes ou de se décider assez arbitrairement pour savoir laquelle de deux lettres presque semblables représentait tel ou tel signe. Ces difficultés nous paraissent trop considérables pour

(1) *Outlines on the philosophy of universal history*, t. II, p. 360 et suiv.

que nous osions tenter à notre tour de restituer et de traduire la totalité du texte, dont le caractère funéraire est manifeste, et qui se rapporte certainement à la sépulture de trois femmes, deux filles et la mère, mentionnées dans l'ordre de leurs morts successives. Nous ne nous sentons, d'ailleurs, pas assez profondément versé dans la connaissance intime des divers idiomes araméens, et particulièrement de celui des Mendaïtes, pour tenter une entreprise aussi périlleuse, surtout en ce qui touche aux formules finales, plus obscures encore, par leur nature même, que la mention des personnes enterrées. Ce serait, en outre, un hors d'œuvre dans notre travail. Il nous suffira donc de citer ici les huit premières lignes de l'inscription d'Abouschadhr, qui ont un sens à part, qui seules se lisent parfaitement et avec certitude, et pour le sens desquelles nous sommes, en général, d'accord avec M. Dietrich. Nous les reproduisons en fac-similé sous le n° 1 de la planche XI.

Il faut transcrire en lettres hébraïques :

עזבאלת
ונאכבא
עלאדונאגבא
עמיקכסא
חד · עמאעלא
חכסאי
בסיכס · ליד ·
חמשא

La forme des lettres est semblable à celle des manuscrits mendaïtes, seulement d'un type plus ancien et avec quelques ornements de moins. Il suffit, pour se convaincre de l'identité des deux écritures, de comparer à la copie que nous venons de donner des premières lignes de l'inscription d'Abouschadr la transcription des mêmes lignes dans le caractère des manuscrits du *Livre d'Adam,* que nous plaçons sous le n° 2 dans la planche XI, au-dessous du fac-similé épigraphique.

Nous essayerons plus loin de rendre un compte complet des quelques différences que l'on peut remarquer dans cette comparaison pour la forme de quelques lettres.

Passons maintenant à l'analyse verbale et à l'interprétation des lignes que nous avons citées.

עזבאלת. — Nous avons évidemment ici un nom propre féminin, עזבאלת, composé de la racine עז, *robur*, *majestas*, et du nom de la déesse babylonienne appelée par les Grecs Baaltis (1), et par la Bible בעלת, la *Belit* des textes cunéiformes (2). On peut comparer à ce nom celui du phénicien Ἀζέμελκος (עזמלך), roi de Tyr au moment de la conquête d'Alexandre (3); et celui du roi de Byblos עזבעל, dont nous possédons des médailles. Remarquons déjà, dans la manière dont בעלת est devenu באלת, un des traits caractéristiques de l'idiome des Mendaïtes, la substitution de א à ע.

ונאכבא. — Encore un nom propre féminin, נאכבא, précédé de la conjonction ו. Le nom semble dérivé d'une racine נכב, dont il serait le participe actif régulièrement formé d'après les lois de la conjugaison chaldaïque et mendaïte, avec la forme féminine. נכב ne se rencontre pas dans les lexiques des différents idiomes araméens; mais nous trouvons en arabe نَكَبَ, *deflexit*, *invertit*, *impegit*, qu'il est assez séduisant de rapprocher de notre nom propre נאכבא.

עלא. — C'est pour עלה ou עליה, *juxta eam*, écrit עלא. Dans le chaldéen des Targums on trouve déjà quelquefois le suffixe du féminin écrit simplement par un א, d'après l'oreille. Dans le dialecte des Mendaïtes, le pronom suffixe de la 3ᵉ personne se change habituellement en יא, comme dans בריא, « son fils, » אמארליא, « il lui dit. »

דונא. — Voici un mot qui ne se rencontre pas dans les lexiques, mais dont la valeur ne saurait cependant pas être douteuse. דונא est une forme nouvelle du pronom démonstratif à l'état emphatique, et correspond à la forme hébraïque זוֹ, d'une manière aussi régulière que le pronom habituel des textes chaldaïques, דְּנָה, correspond à l'autre

(1) *Phil. Bybl.*, p. 38, ed. Orelli. — Hesych. vº Βῆλθις.
(2) Voy. mon *Essai de commentaire des fragments cosmogoniques de Bérose*, p. 69 et suiv.
(3) Arrian., II, 15 et 24.

forme hébraïque, זֶה. Il faut cependant remarquer que le pronom démonstratif a le ז et non le ד dans le dialecte des livres mendaïtes du moyen âge (1).

גבא. — Le mot גַּבָּא, dérivé de גֹּב, *fossa,* se trouve avec le sens de « tombeau » dans le Targum d'Onkélos (2).

עמיק. — C'est la forme même qui, dans le Targum (3), et déjà dans le chaldaïque du livre de Daniel (4), correspond à l'hébreu עָמֹק, *profundus.* On aurait attendu plutôt עמיקא à l'état emphatique, au lieu du simple עמיק ; mais la très-légère irrégularité que présente ici l'inscription ne porte pas atteinte à la marche de la phrase et ne doit point nous arrêter.

כסא. — L'hébreu כָּסָה, *texit,* dans le chaldéen targumique, est remplacé par כְּסָא. On sait que ce verbe s'emploie dans le sens de « couvrir de terre », et par suite de « mettre dans la sépulture ».

·חד? — Nous avons évidemment ici les restes d'un nom propre féminin, mais très-mutilé. Il faut de toute nécessité supposer une lettre, dont les traces auront disparu au milieu des accidents de la surface de la lame de plomb, entre le ד et le ע du mot suivant, justement où la copie présente un blanc suffisant pour laisser place à cette restitution. Même encore je doute de cette lecture .חד, qui ne donne rien de satisfaisant au point de vue philologique et grammatical ; il me semble qu'il faudrait aussi suppléer sur la droite, au commencement du nom, deux traits devenus probablement très-peu distincts sur l'original. Ma restitution conjecturale sur ce point serait .חאד, que je compléterais en חאדא pour חאדיא, « la joyeuse, » participe féminin du kal, très-régulièrement formé d'après les règles du dialecte des Mendaïtes, et qui constitue un nom propre fort vraisemblable. Il n'est pas besoin d'ajouter que cette restitution conjecturale doit être contrôlée par l'examen du monument original quand on saura où il se trouve actuellement.

(1) Merx, *Grammat. syr.*, p. 180.
(2) Ps. CXLIII, 7.
(3) Proverb., XXII, 14; XXV, 3.
(4) II, 22.

עמא. — M. Dietrich suppose ici que עמא est écrit fautivement, *inaccurately*, dit-il, pour אמא. Il n'y a pas de faute à chercher, mais un pur mendaïsme, car c'est sous la forme עמא que le mot de « mère » se présente dans les livres des Mendaïtes, à cause de sa vocalisation initiale en *e*. La tendance à mettre un ע à la place de la première radicale א ou י, toutes les fois qu'elle est vocalisée en *e*, existait donc déjà dans le dialecte araméen de la basse Chaldée au temps où fut écrit le texte que nous lisons sur la lame de plomb d'Abouschadhr.

עלא. — Voici maintenant la répétition d'un groupe que nous avons analysé et expliqué déjà dans la ligne 3.

הכסאי. — Le verbe כסא, qui reparaît ici, a été interprété par nous la première fois que nous l'avons rencontré. A la ligne 4 il se montrait au *kal* de la voix active ; ici nous l'avons au passif et dans un *aphel* formé par un ה initial au lieu d'un א, comme on le rencontre quelquefois dans le chaldaïque de la Bible. La forme régulière et complète serait הכסאית, avec la terminaison du féminin. Mais il est probable que les boursouflures amenées par l'oxydation du plomb n'auront pas permis de distinguer les traces du ת. Ce serait encore un point à vérifier sur l'original. De la lecture que nous proposons, à la suite de M. Dietrich, résulterait une différence grammaticale entre la langue de l'inscription d'Abouschadhr et le dialecte postérieur des livres mendaïtes, car celui-ci forme le *aphel* par un א préfixé au radical.

בסיכם. — Nous avons ici un nom de lieu, סיכם, désignant quelque endroit voisin d'Abouschadhr, et précédé de la préposition ב.

ליד. — Il manque une lettre au commencement et une à la fin. Nous restituons avec M. Dietrich [י]לידת], forme féminine de la troisième personne du prétérit du verbe qui, en chaldaïque, correspond à l'hébreu יָלַד, *peperit*, et qui seul convient aux lettres encore visibles. Peut-être faut-il même plutôt restituer [ע]לידת], en vertu d'une règle d'orthographe du dialecte mendaïte que nous avons déjà vue suivie dans l'inscription. Au reste, pour ce verbe, l'idiome des livres religieux des Mendaïtes présente une métathèse, évidemment de date très-basse, entre le ד et le ל, qui le transforme en עדאל ; la troisième personne féminine du prétérit du kal y est donc עדאלאת ou יאדלאת.

חמשא. — Sur ce dernier mot il ne peut y avoir le moindre doute. C'est l'hébreu חָמֵשׁ ou חֲמִשָּׁה, le chaldaïque חמשׁ, חאמיש dans les livres des Mendaïtes, le nom du nombre « cinq ».

Appuyées sur cette analyse, notre lecture et notre interprétation pour les huit premières lignes de l'inscription d'Abouschadhr, sont :

עזבאלת ונכבא עלא דונא גבא עמיק כסא
ח[אד]א] עמא עלא הכסאי]ת
בסיכס [על]ידת] חמשא

Ezbalatam et Nakebam juxta eam haec fossa profunda tegit.
Chadia mater juxta eam sepulta est.
In Sikes peperit (liberos) quinque.

La phrase qui suit immédiatement, et dont le verbe est très-difficile à lire, parle des trois (תליתא) autres enfants, qui paraissent avoir été encore vivants auprès de l'auteur de l'inscription (בי). Vient après (l. 10-11) un membre de phrase assez clair : עתתא חלי אדלא *uxorem, morbus hausit eam*. A la ligne 12 il commence à être question d'un quatrième personnage du sexe féminin, nommée נאבתא, à laquelle paraît se rapporter toute la fin, extrêmement obscure, de l'inscription, qui était ainsi une espèce de mémorial déposé à l'intérieur du tombeau et rappelant les quatre personnes qui y avaient été ensevelies. Dans la dernière partie, la lecture certaine qu'on peut faire des mots בכיכץ à la ligne 15 et ביתא בכיכץ, *domus in Kikes*, aux lignes 17 et 18, mots qui doivent se rapporter à Abouschadhr même ou à quelque localité très-voisine, complètent la connaissance de l'alphabet en nous révélant la forme du צ.

La parenté de l'idiome dans lequel sont conçues ces phrases avec le dialecte dans lequel sont rédigés les livres sacrés des Sabiens n'est pas moins manifeste que celle qui existe entre les deux écritures. La langue, dans l'inscription d'Abouschadhr, se montre sans doute à un état plus ancien que dans le *Livre d'Adam;* elle forme le lien entre le dialecte de cet ouvrage et le chaldéen targumique. Mais déjà toutes les particularités les plus saillantes du langage des Mendaïtes sont formées et se remarquent dans l'inscription; la multiplication des quiescentes pour exprimer les sons vocaux, et leur adjonction comme appendices aux consonnes ; l'élision des gutturales ה et ע, remplacées par א. Les raisons philologiques s'accordent donc avec les raisons paléographiques pour faire attribuer l'épitaphe copiée par M. Rawlinson aux ancêtres des sectaires de Wasith et de Bassora.

La date de cette inscription est difficile à fixer. M. Dietrich, voyant dans son alphabet une dérivation du palmyrénien, était d'abord porté à en placer l'exécution dans les premiers siècles de l'ère chrétienne ; mais, nous ne savons pourquoi, à la fin de sa dissertation il change d'avis et propose d'attribuer l'inscription d'Abouschadhr aux temps qui ont précédé la naissance du Christ. M. Scott (1) a déjà fait voir l'impossibilité d'admettre cette opinion. En effet, l'inscription publiée par M. Bunsen est certainement postérieure aux monuments dont nous allons maintenant nous occuper, et ces monuments eux-mêmes, comme on le verra, ne peuvent pas remonter plus haut que la fin du deuxième et le commencement du troisième siècle après Jésus-Christ. La lame de plomb d'Abouschadhr doit donc avoir été gravée vers le quatrième ou le cinquième siècle, et, par conséquent, être environ contemporaine des proscynèmes tracés par les pèlerins chrétiens de la Nabatène sur les rochers du Sinaï (2).

(1) *Numismatic chronicle*, t. XVIII, p. 6.

(2) L'original de la lame de plomb d'Abouschadhr, après avoir été longtemps égaré, a été récemment retrouvé et est maintenant conservé au Musée Britannique. Depuis que ces pages ont été écrites et données à l'imprimerie (mars 1873), j'ai eu l'occasion de l'examiner dans un voyage à Londres, et cet examen a confirmé la plupart des conjectures émises ci-dessus pour la restitution du texte des huit premières lignes, sauf en ce qui touche au nom de la mère (l. 5, au commencement) lequel ne peut pas être הּאדא, comme nous supposions, ni עדה, comme le lisait M. Dietrich. Il est, du reste, extrêmement difficile à déchiffrer, et si la première lettre paraît en être un ע et la dernière un א, la lettre intermédiaire demeure pour nous tout à fait douteuse. Ceci réservé, à la 6e ligne il y a positivement הכסאית, comme le demandait la grammaire, et à la fin de la septième, עליד, avec les traces d'une dernière lettre, le ת, effacée.

La lame dont nous nous sommes occupé n'est pas seule en son genre. Le Musée Britannique en possède sept autres, trouvées dans d'autres tombeaux de la même localité d'Abouschadhr, dont trois n'ont pas pu être déroulées à cause de l'état du métal. Les quatre nouvellement développées sont beaucoup plus difficiles à lire que celle dont M. de Bunsen avait publié la copie. Elles m'ont paru contenir plutôt des formules religieuses, magiques ou déprécatoires que des noms propres ou des indications funéraires. Mais mon examen n'a pu être qu'assez superficiel, et je dois me borner à signaler ces curieux monuments à l'étude de ceux qui s'occupent plus spécialement d'une branche de la philologie araméenne, sur laquelle il y a encore immensément à faire. Les inscriptions des nouvelles lames de plomb d'Abouschadhr présentent des variétés pa-

IV.

Les monuments sur lesquels portera maintenant notre examen n'appartiennent plus à l'épigraphie, mais à la numismatique. Presque toutes les grandes collections en renferment des échantillons, que leur provenance constante, leurs types et leur style font ranger à la suite de la série des rois de la Characène. Il ne saurait y avoir de doute sur ce classement, mais jusqu'à présent on n'a pu le pousser plus loin et distribuer les pièces entre les différents princes dont elles portent les noms. Leurs légendes sont en effet demeurées inexpliquées et constituent un des problèmes, assez nombreux encore dans la numismatique orientale, dont la solution est à trouver.

La première en date des pièces de cette série est une monnaie de bronze, que son type et son style doivent faire placer immédiatement à la suite des pièces royales à légendes grecques, et dont il existe des variétés légèrement différentes au Musée Britannique, dans l'ancienne collection Curt et au Musée de Berlin.

En voici la description :

Tête virile barbue et diadémée, à droite.

℟. Hercule assis sur un rocher, à droite, le bras appuyé sur sa massue ; des deux côtés du type, la légende en deux lignes,

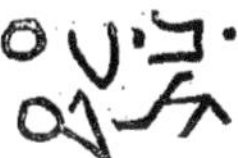

Dans le champ, devant la figure d'Hercule, le monogramme grec
Entre la massue et le corps du dieu, quelques lettres orientales qui varient suivant les exemplaires.

Æ. Module 6 1/2 (Planche XII, n° 1).

léographiques curieuses. Dans l'une, la forme des lettres est tout à fait analogue à ce qu'elle est dans la plus anciennement connue. Deux autres offrent, au contraire, un type d'écriture plus récent et plus exactement conforme au type des manuscrits mendaïtes, entre autres pour le tracé du ב et du מ. La paléographie de la quatrième est intermédiaire.

L'exemplaire du Musée de Berlin présente O V•כO• à la première ligne de la légende.

Une monnaie de ce genre a été publiée, mais assez inexactement, par Saint-Martin (1), et une autre par M. Scott (2). Ce dernier exemplaire, conservé au Musée Britannique (voyez notre planche XII, n° 2), porte dans la légende du revers O V>•כ•

La légende de cette pièce est placée en sens inverse des légendes grecques sur les autres monnaies de la Characène au même type. Cette disposition a trompé Saint-Martin et l'a empêché de rien déchiffrer. M. Scott (3), au contraire, a fort ingénieusement reconnu le sens dans lequel la légende devait être placée pour amener une lecture sérieuse et satisfaisante. Frappé du rapport que les lettres de cette inscription monétaire offraient avec celles de l'alphabet des Mendaïtes, particulièrement pour le signe O, il l'a déchiffrée par analogie, avec une assez grande exactitude, quoique la comparaison des différentes formes orthographiques du nom propre royal qu'elle renferme nous conduise à le lire un peu différemment. Nous guidant en effet par la comparaison avec l'écriture des manuscrits mendaïtes, nous déchiffrons sur le n° 1 de notre planche XII :

יבינא
מלכא

sur le n° 2 :

יביענא
מלכא

et sur l'exemplaire du Cabinet de Berlin :

יאבינא
מלכא

Ces variations d'orthographe pour un même nom propre rentrent

(1) *Recherches sur la Mésène et la Characène*, pl. n° 5.
La figure donnée dans l'ouvrage de M. Victor Langlois (*Numismatique des Arabes avant l'islamisme*, pl. II, n° 8) n'est qu'une reproduction altérée de la gravure de Saint-Martin.
(2) *Numismatic chronicle*, t. XVIII, planche se rapportant à la p. 1, n° 8.
(3) *Numismatic chronicle*, t. XVIII, p. 26-29.

toutes dans les données de celles qu'on observe dans les manuscrits mendaïtes ; ainsi יביעגא est à יבינא comme ניריעיג à ניריג.

Le nom propre יבינא ou יאבינא dérive de la racine בין, *distinxit*, *animadvertit*, et est identique à יָבִין, *quem animadvertit* (*Deus*), donné dans la Bible comme l'appellation de deux rois de Hazor (1). Mais on pourrait aussi lire יכינא, יכיעגא ou יאכינא et dès lors il faudrait se souvenir d'un des noms historiques de la Basse-Chaldée qui nous ont été révélés par les textes cunéiformes, celui du roi *Yakin*, père de Mérodachbaladan (2), qui avait laissé son nom au pays de *Bit-Yakin* (3), le district même où s'éleva plus tard la ville de Charax. La conservation du nom propre יכינא, en usage dans cette contrée jusqu'aux premiers siècles de notre ère, n'aurait rien d'impossible ni d'invraisemblable.

Aucun historien classique ne mentionne le roi Yabina, mais le style de ses monnaies montre qu'il était peut-être successeur immédiat du dernier roi dont on ait des monnaies à légendes grecques (4), Obadas Prataphernès, qui régnait de 457 à 477 de l'ère des Séleucides (145-166 ap. J.-C.), et le second prince après Attambélus V, qui occupait le trône en 443 des Séleucides (131 ap. J.-C.) (5).

Les lettres placées entre la massue et le corps de l'Hercule, lesquelles varient suivant les exemplaires, appartiennent, comme celles de la légende principale à l'alphabet sabien. Sur l'exemplaire publié par Saint-Martin on voit יז, sur celui du Musée de Berlin אל, et sur celui du Musée Britannique אמ. Il est probable que l'on doit considérer ces lettres comme numérales. Dans ce cas on obtiendrait les chiffres 17, 31 et 41, qui représenteraient peut-être des années de règne.

(1) Jos., XI, 1. — Jud., IV, 2. — Psalm., LXXXIII, 10.

(2) Oppert, *Les inscriptions des Sargonides*, p. 28 ; *Journal asiatique*, 6e série, t. III, p. 222. — G. Rawlinson, *The five great monarchies of the ancient Eastern world*, t. III, p. 38.

(3) Voy. Finzi, *Ricerche per lo studio della antichità assira*, p. 67. — Cf. ce que j'en ai dit dans le *Correspondant*, 10 mai 1873, p. 555.

(4) De Longpérier, *Comptes-rendus de l'Académie des Inscriptions et Belles-Lettres*, 1872, p. 125-130.

(5) Waddington, *Rev. numism.*, 1866, p. 331.

Les écrivains grecs et romains ne nous ont conservé aucun souvenir sur l'histoire des contrées riveraines de l'Euphrate entre la guerre de Lucius Vérus contre les Parthes et celle que Septime-Sévère soutint à son tour contre les mêmes ennemis. Nous ignorons donc à la suite de quels événements les liens de vasselage entre les rois de la Characène et les souverains Arsacides devinrent, sous le règne de Vologèse V, plus étroits qu'ils n'avaient jamais été. Peut-être fut-ce à la suite de la retraite de Septime-Sévère qui dut produire dans les pays au-delà de Ctésiphon l'effet d'un grand succès pour les Parthes, malgré les revers qui avaient marqué le début de la guerre. Si nous en ignorons, du reste, les causes, ce fait n'en ressort pas moins des médailles d'une manière impossible à contester. Tous les princes de la famille qui régnait sur les provinces voisines de l'embouchure de l'Euphrate et du Tigre, jusqu'au règne de Yabina inclusivement, ont fait représenter sur leurs monnaies leur effigie toute seule, comme celle des rois entièrement indépendants. Avec le roi suivant nous voyons, au contraire, la tête d'un monarque arsacide apparaître sur le côté principal de la monnaie, tandis que celle du roi characénien est reléguée sur le revers, comme celle d'un de ces satrapes héréditaires de l'empire des Parthes que les écrivains orientaux ont désignés par le nom de *Molouk-et-thewayf* « rois des nations ».

C'est en effet d'après l'effigie du monarque parthe suzerain que nous classons une pièce de bronze, publiée par M. Scott (1), où l'on voit deux têtes diadémées, dont l'une, imberbe, est celle du prince de la Characène, et dont l'autre, barbue, semble bien être celle de l'Arsacide Vologèse V, roi de 502 à 510 de l'ère des Séleucides (2), qui, sur ses tétradrachmes, est toujours représenté sans tiare, simplement diadémé, avec des cheveux touffus disposés en grosses masses frisées et une barbe pointue, comme l'effigie de notre bronze characénien. Du côté de la seconde tête on voit le monogramme grec que nous a déjà offert la médaille du roi Yabina, et un second monogramme qui semble com-

(1) *Numismatic chronicle*, t. XVIII, pl. à la p. 1, n° 9.
(2) Longpérier, *Mémoires sur les Arsacides*, p. 150-153.

posé des lettres תב. Un très-bel exemplaire de cette pièce existe au Musée Britannique et nous l'avons fait graver sous le n° 3 de notre planche XII.

Les dernières monnaies de la série nous offrent encore deux têtes, par continuation et esprit d'imitation des types qui viennent de nous occuper. Mais pour qui les examine il semble évident que ces deux têtes n'ont plus la même signification ; ce n'est pas l'effigie du monarque Arsacide suzerain et de son vassal de la Characène. Une seule tête, celle du droit, a un caractère individuel ; l'autre est une effigie banale, barbue et avec la coiffure en grosses touffes des indigènes des rives du Schatt-el-Arab, qui s'est conservée en usage dans le pays jusqu'à nos jours. Cette dernière tête demeure invariable tandis que l'effigie du droit se modifie. M. de Longpérier, à propos d'autres pièces, l'a qualifiée très-heureusement de tête de l'Hercule characénien. De plus l'effigie du droit, dans ses deux variétés, ne peut, même avec beaucoup de bonne volonté, s'identifier avec aucun portrait de la série des Parthes. C'est donc dans cette effigie que nous croyons devoir reconnaître la représentation des derniers princes characéniens ; et en effet il nous semble que c'est du même côté que doivent être cherchés les noms royaux.

Il y a, nous l'avons dit, des monnaies de ce type appartenant à deux monarques différents d'après le changement de leurs effigies. De l'un nous possédons deux variétés qui se distinguent uniquement par le plus ou moins grand développement de la légende du revers et que nous avons fait graver sous les n°s 5 et 6 de notre planche XII. Ces pièces ont été connues dès le temps de Pellerin, qui en a fait graver assez bien plusieurs exemplaires (1) et qui a déjà reconnu l'identité de l'alphabet de leurs inscriptions avec celui des manuscrits mendaïtes. Mais, s'il n'y a pas de doute possible sur la nature de cette écriture, le déchiffrement des légendes offre d'énormes difficultés, que nous sommes loin d'avoir vaincues. Du moins, si pour l'explication nous ne pouvons présenter que des conjectures très-dubitatives, nous croyons être parvenu,

(1) *Troisième supplément*, pl. II, n°s 8-10 ; p. 38-40.

par la comparaison des onze exemplaires que possède le cabinet de France et des cinquante-huit, provenant d'une même trouvaille, qui sont conservés au Musée Britannique, à fixer avec certitude la leçon matérielle des légendes.

Au droit on voit une effigie royale barbue et coiffée de la tiare. Elle est accompagnée d'une inscription en trois lignes qui descendent verticalement, la première derrière la tête et les deux autres devant :

En outre, devant l'épaule du roi est placé le même monogramme grec que sur toutes les autres pièces dont nous avons déjà parlé, fort altéré dans sa forme et venant se confondre dans sa partie supérieure avec les traits des deux dernières lignes de la légende.

Au revers est cette tête nue et barbue aux cheveux en grosses masses frisées dont nous disions un mot tout à l'heure, avec une double inscription :

dans un sens, derrière la tête, et

ou simplement, sur d'autres exemplaires, plus rares,

dans l'autre sens, devant la tête.

La transcription probable de la légende du droit paraît être :

טומש ou טעמש
זהמל
זהמם ou זהקם

dans laquelle ט, מ, ש, ל, ז et ם sont certains. Mais comment expliquer ces mots ? J'en laisse la tâche à de plus habiles dans la connaissance des particularités du dialecte mendaïte.

Je remarquerai seulement que la partie des deux dernières lignes où se discernent d'abord les lettres מל puis les les lettres קס ou מס apparaît également sur une pièce d'un autre roi, dont nous parlerons dans un instant. On est donc assez tenté d'y chercher l'expression du titre royal et l'indication du pays d'où le prince qui a émis la monnaie était souverain. Or il n'est pas absolument impossible que le graveur, qui n'avait certainement plus une notion exacte du monogramme grec qu'il reproduisait devant l'épaule de l'effigie du droit, ait confondu avec ses traits deux lettres terminales, ך et ן. On pourrait ainsi trouver — mais ce n'est qu'une conjecture à laquelle j'ose à peine m'arrêter — dans la partie finale de la légende les mots זה מלך זה מסן, que l'on entendrait comme une forme dialectique différente de ce qui serait dans un araméen plus normal זי מלך זי מסן, « du roi de la Mésène. » Mais ceci est encore subordonné à un fait douteux, que la lettre qui précède le ס à la troisième ligne soit un מ mal formé. Cependant une chose serait tentante en faveur de cette hypothèse. C'est que Michaëlis (1) a déjà remarqué que le nom écrit Μεσήνη par les auteurs helléniques se retrouvait en syriaque sous la forme ܡܝܫܢ et en arabe sous celle de ميسان, qu'il ne dérivait donc probablement pas du grec μέσος, mais représentait une ancienne appellation indigène, ou du moins avait été adopté de bonne heure par les habitants sémitiques (2). Le מס de notre médaille s'y appliquerait très-bien, surtout si l'on pouvait le compléter en מסן. Si l'on admettait la lecture נה מלך זה מסן le premier mot, טומש ou טעמש, ne serait probablement pas un nom propre mais un substantif d'origine non sémitique (pehlevi peut-être) signifiant « effigie » ou quelque chose d'analogue. On y comparerait la légende pehlevie פרתכרא זי אלה, *pratikara zi eloha*, « image du divin », déchiffrée par le docteur A. Lévy (3), qui se lit, souvent sans noms royaux, sur une riche série de monnaies d'argent que j'attribue à l'Atropténe et dont je parlerai plus loin, au chapitre des alphabets pehlevis. En tout cas, si טומש ou טעמש est un nom propre, il ne paraît

(1) *Spicileg. geogr. Hebr. exter.*, part. II, p. 214.

(2) D'Anville, *Géogr. abrég.*, t. II, p. 200 et 265; *l'Euphrate et le Tigre*, p. 135. — Vincent, *Voyage de Néarque*, p. 418. — Quatremère, *Journal des Savants*, 1857, p. 517.

(3) *Zeitschr. d. deutsch. Morgenl. Gesellsch.*, t. XXI: *Beitræge zur aramæischen Münzkunde Eran's.*

pas être d'origine sémitique; mais l'exemple du surnom d'Obadas Prataphernès prouve que les derniers rois de la Characène prenaient quelquefois des appellations étrangères.

Ce qui est beaucoup plus certain, c'est la lecture de la courte légende placée derrière la tête du revers, חשבא. Je ne crois pas que celle-ci puisse être contestée, et j'y vois l'indication du lieu d'émission.

On lit dans la géographie d'Aboulféda (1), là où cet auteur parle de la ville d'Abbâdan, située à l'embouchure du Tigre, sur l'ancien territoire de la Characène, et non loin du site de l'antique Charax : « Au « midi et à l'orient d'Abbâdan sont *les pièces de bois*, خشبات. On en« tend par là des pieux qui sont enfoncés dans la mer, et auprès des« quels, quand la mer est basse, les navires se retirent sans les dépas« ser, de peur de toucher le fond. » M. Reinaud (2) avait supposé que ce nom de خشبات, « les pieux, les pilotis, » devait être celui que les Grecs avaient traduit par Χάραξ, et l'appellation même de la ville commerçante fondée par Alexandre, relevée une première fois par Antiochus le Grand, puis par Hyspaosinès. Ceci n'est plus admissible aujourd'hui que les inscriptions de Palmyre nous font connaître la vraie forme du nom indigène de cette ville, כרך אספסנא = Σπασίνου χάραξ (3) ou simplement כרכא = Χάραξ (4). Mais Charax, située au confluent de l'Eulæus et du Tigre, se trouvait chaque jour plus éloignée de la mer, grâce aux atterrissements prodigieusement rapides du fleuve, qui faisaient dire à Pline : « La ville fut d'abord à dix stades du rivage; au « temps où écrivait Juba elle en était à 50 milles. Maintenant les en« voyés des Arabes et ceux de nos négociants qui fréquentent ces pa« rages affirment qu'elle en est à 120 milles. En aucune autre partie « du monde les alluvions des fleuves n'ont été plus considérables et « n'ont marché plus vite (5). » Or, quand la distance entre Charax et

(1) P. 309, éd. Reinaud et de Slane. — Voy. Quatremère, *Journal asiatique*, 5e série, t. XVII, p. 161.

(2) *Journal asiatique*, 5e série, t. XVIII, p. 164. — Voy. Langlois, *Numismatique des Arabes*, p. 43.

(3) De Vogüé, *Syrie centrale, Inscriptions sémitiques*, Palmyre, no 5.

(4) *Ibid.*, no 6.

(5) Plin., *Hist. nat.*, VI, 27, 31.

la mer fût devenue aussi grande et même plus grande encore, il est difficile de croire que les nécessités de l'immense commerce maritime de cette ville n'aient pas amené la création d'un port dépendant d'elle sur la mer même (1), à l'embouchure du fleuve, vers le point où se

(1) Je ne cite pas ici comme preuve de l'existence de ce port la leçon que le P. Hardouin a cru pouvoir introduire dans le texte de Pline, comme correction d'une phrase qui a été jusqu'à présent une véritable *crux interpretum* : *Prius fuit a litore stadia X, et maritimum jam inde ipsa portum habuit.* Mais cette correction est toute de fantaisie et s'éloigne trop des leçons des manuscrits pour pouvoir être admise; aussi M. Sillig l'a-t-il rejetée avec raison.

La majorité des manuscrits donne pour le second membre de phrase :

Maritimum etiam uipsanda porticus habet;

le manuscrit de Paris, n° 6795 (*Regius primus*) et tous ceux de même famille, dont il faut, suivant la judicieuse remarque de M. Roulin, tenir grand compte à cause précisément de ses leçons à l'apparence barbare qui n'ont subi aucune retouche plus ou moins heureuse des lettrés d'époque postérieure :

Maritimum et inPsada porticus habet;

l'édition de Venise de 1469, qui reproduit exactement un excellent manuscrit aujourd'hui perdu, a :

Maritimum et iam uipsada particus habet.

M. d'Avezac (*Grands et petits géographes grecs et latins, Esquisse bibliographique,* p. 125) a proposé une ingénieuse restitution, qui s'éloigne bien moins que celle du P. Hardouin des données les plus habituelles des manuscrits :

Maritimum etiam Vipsania porticus habet.

Il y voit une allusion à la manière dont la situation de Charax était indiquée dans la fameuse carte du Portique d'Agrippa. Mais cette correction, toute séduisante qu'elle soit, nous laisse encore des doutes, et, en lisant avec attention tout le passage de Pline, je crois qu'il est plus vraisemblable de chercher ici la mention d'un écrivain qui aura placé Charax au bord de la mer tandis que Juba la mettait à 50 milles, qu'une allusion à la manière dont cette ville était indiquée par rapport à la mer dans une carte à laquelle Pline ne se réfère nulle autre part. Et cela d'autant plus que l'écrivain romain a soin de faire remarquer la manière dont tous les renseignements successifs attestant le progrès constant des atterrissements mettaient le rivage plus loin de Charax.

Je préfère donc la correction de M. C. Müller (*Geographi graeci minores,* t. I, p. LXXXI) :

Maritimum, ut Jamipsunda Parthicus habet,

en remarquant seulement que d'après les manuscrits le nom de l'écrivain parthe cité pourrait être plutôt *Inpsanda* ou *Inpsada.* N'est-ce pas là précisément le ينبوشاد si fréquemment cité dans le livre de l'*Agriculture nabatéenne* (voy. Renan, *Mém. de l'Acad. des Inscr.*, nouv. sér., t. XXIV, 1re partie, p. 181)? lequel se trouverait ainsi avoir été en réalité un écrivain d'origine parthe de très-peu antérieur à l'ère chrétienne, de même que تنكلوشا البابلي est le Τεῦκρος Βαβυλώνιος cité par les Grecs des bas temps (Salmas., *De annis climactericis et antiqua astrologia,* praef. — Renan, *Mém. de l'Acad. des Inscr.*, nouv. sér., t. XXIV, 1re part., p. 186 et suiv.).

Ma correction, encore plus voisine des données des manuscrits que celle de M. C. Müller, serait donc :

Maritimum etiam Inpsada Parthicus habet.

trouvaient les pilotis servant de balises et éclairés la nuit par des feux, comme nous le raconte Aboulféda. C'est ce port que je crois désigné par le nom de חשבא, correspondant exactement au خشبات d'Aboulféda, et où il me semble que doit être placé le lieu d'émission de ses monnaies.

Quant à la grande inscription placée également au revers, devant la tête à la chevelure touffue à la mode characénienne, nous n'osons pour le moment nous hasarder à en proposer l'explication, car nous n'aurions à produire que des conjectures qui paraîtraient trop hardies et trop dépourvues de preuves certaines. La transcription semble être :

מאנ(ג ou ג) זיאמתאבזי

là où elle est le plus développée, et sur les autres exemplaires :

מאנ(ג ou ג) זיאמתא.

Le roi dont les monnaies viennent de nous occuper sans que nous ayons pu éclaircir d'une manière pleinement satisfaisante les difficultés qu'elles soulèvent et même sans parvenir à déterminer son nom, ce roi devait vivre tout à fait à la fin de l'empire des Arsacides, peut-être même dans les premiers temps de la domination des Sassanides; car, si Maçoudy (1) nous apprend qu'Ardeschir Ier, le fondateur de la nouvelle monarchie des Perses, conquit la Mésène et la Characène, alors gouvernées par Bad, fils de Berd (deux noms bien douteux, il faut le reconnaître), il n'est pas prouvé que ce pays n'ait pas continué à être gouverné par des princes locaux soumis à la suzeraineté des Sassanides. Les observations de Saint-Martin à ce sujet nous paraissent garder leur valeur malgré les objections de M. Reinaud.

Quoi qu'il en soit, ce qui est certain, c'est qu'entre le roi characénien dont les espèces monétaires nous ont offert la tête de l'Arsacide Vologèse V (pl. XII, nº 3), et celui dont nous avons à l'instant examiné les médailles, il faut, d'après les indications numismatiques les plus positives de la loi de filiation des types, en placer un autre, dont la monnaie a été assez mal publiée par M. Scott (2), et dont nous donnons un meilleur dessin sous le nº 4 de notre planche XII, d'après l'exem-

(1) Voy. Reinaud, *Journal asiatique*, 5e série, t. XVIII, p. 211.
(2) *Numismatic chronicle*, t. XVIII, pl. I, nº 10.

plaire du Musée Britannique. Nous avons remis à en parler ici, et non à sa place chronologique, parce que ses légendes sont très-incomplètes, mais, d'après ce qui en reste, paraissent coïncider pour la plus grande partie avec celle des dernières monnaies dont nous ayons traité; il était donc plus logique et plus prudent de ne nous en occuper qu'après avoir pu fixer la leçon des légendes analogues. On y voit d'un côté une tête barbue et diadémée, tournée à droite, bien différente de l'effigie des pièces à la tête coiffée de la tiare; devant l'épaule est le monogramme , encore très-reconnaissable. Cette tête était accompagnée d'une légende en trois lignes; la première, placée derrière et qui devait contenir le nom du prince, a entièrement disparu; des deux autres, placées devant, on ne distingue plus que

Au revers est la tête nue, barbue, aux cheveux en grosses masses frisées, que nous avons dit demeurer invariable malgré le changement de l'effigie du droit. Derrière, la légende חשבא, indiquant le lieu de l'émission, se montre parfaitement reconnaissable. Devant le visage sont les deux monogrammes et ; enfin, au-dessous du col, on distingue encore les lettres

אמתבאזי

restes d'une légende plus étendue, qui, sauf le déplacement de deux caractères, s'accordent exactement avec ce que nous avons vu sur les pièces à la tête coiffée de la tiare.

V.

L'inscription d'Abouschadhr et les monnaies des derniers rois de la Characène nous ont fait connaître la forme la plus ancienne des lettres conservées jusqu'à nos jours dans les livres des Mendaïtes. Nous pouvons même y constater deux états successifs par lesquels a passé cet alphabet : l'état d'isolement des lettres, dont les médailles nous offrent l'exemple, et l'état de ligature, représenté par l'inscription d'Abouschadhr. Ce dernier état, toujours postérieur à celui dans lequel les caractères sont détachés, s'est conservé dans les manuscrits du *Livre d'Adam* et des autres ouvrages religieux des Mendaïtes, en s'y régularisant.

Au fond, du reste, lorsque l'on confronte avec soin l'écriture de ces différents monuments, on est frappé du peu de changements qu'elle a éprouvés dans le cours des siècles. Comparée au syriaque ou à l'arabe, cette écriture est demeurée dans une immobilité digne de remarque. Les légères modifications qu'amènent toujours, dans un caractère usité pendant plusieurs siècles, les prétentions d'élégance des calligraphes, se réduisent à peu de chose dans l'alphabet des manuscrits mendaïtes. Elles consistent :

1° Dans la prolongation du trait inférieur du ב et dans l'appendice ajouté à l'extrémité droite du trait supérieur ;

2° Dans la brisure anguleuse de la queue des lettres כ, נ, צ, qui, dans les manuscrits, au lieu de se prolonger horizontalement vers la gauche, se relève de bas en haut. La tendance à relever le trait vers la gauche a déjà gagné le נ sur toutes les médailles. Quant au צ, l'inscription d'Abouschadhr nous montre la queue de cette lettre se relevant comme dans les manuscrits. Cette tendance est donc d'une date ancienne, et ne saurait être considérée absolument comme un enjolivement inventé par les copistes postérieurs ;

3° Dans la fermeture du ס, qui n'existe pas dans l'inscription d'Abouschadhr, mais qui commence à se montrer sur les dernières médailles, pourtant antérieures ; par conséquent ce fut pendant un certain temps une particularité variable suivant les scribes ;

4° Dans l'ouverture des boucles supérieures du ד et du ר, d'abord fermées, et dans le recourbement de leurs hastes vers la gauche.

Quatre caractères seuls, sur les vingt-deux qui composent l'alphabet, présentent des changements de forme sérieux. Ce sont d'abord le ה et le ח. L'écriture, en devenant plus cursive, a amené l'ouverture du premier par le sommet et l'arrondissement du tracé des deux lettres.

Leurs formes devenant alors presque semblables, on a voulu introduire un élément de distinction, et pour y arriver on a prolongé, puis relevé, le trait gauche du ח.

Le troisième caractère assez notablement modifié dans l'espace d'une dizaine de siècles est le ק. Dans l'inscription d'Abouschadhr nous le trouvons semblable à ce qu'il est en palmyrénien ; dans les manuscrits il a une figure fort différente : = . On peut encore cependant suivre assez clairement la manière dont s'est opérée cette déformation. Dans un tracé rapide et peu soigné, le trait vertical qui subsistait encore à la gauche du caractère, quoique fort diminué comme longueur, et qui représentait les dernières traces de la haste primitive du phénicien, s'est placé au-dessus du trait , au lieu de demeurer au-dessous, où il aurait dû se trouver régulièrement. La forme résultant de cette première altération n'est pas parvenue jusqu'à nous, mais elle devait probablement être dessinée environ de cette manière, . Une fois ainsi défiguré, le ק a subi pour ainsi dire l'influence et l'attraction des formes voisines du ד et du ר ; seulement, comme moyen de distinction, tout en le rendant presque semblable à ces deux lettres, les scribes ont ajouté un petit trait diacritique à la barre horizontale inférieure.

Enfin le quatrième signe sur lequel nous ayons encore à faire porter nos observations est le ו. Dans l'inscription d'Abouschadhr il est grand et bouclé, dans les manuscrits petit et réduit à deux traits. La cause de cette modification tient à ce que le ו, dans l'inscription d'Abouschadhr, quoique jouant, comme dans les textes ordinaires du dialecte sabien, le rôle de simple voyelle, aussi bien que les autres quiescentes, graphiquement ne se joint pas comme appendice à la consonne précédente ; il se trace isolément et, de même que toutes les lettres placées ainsi, il prend un notable développement. Dans les manuscrits, au contraire, il se groupe avec la consonne comme le א et le י ; en conséquence les scribes l'ont réduit à des proportions égales à celles de ces deux lettres, et ont supprimé sa boucle pour éviter la confusion qu'elle aurait pu produire avec celle du א.

VI.

Après ces remarques sur les changements intérieurs de l'écriture sabienne, il nous reste à en établir l'origine. Pour la mettre en lumière il nous suffira de dresser un tableau comparatif dans lequel nous placerons les lettres de cette écriture en regard des lettres de l'alphabet araméen tertiaire ou palmyrénien. C'est ce tableau que le lecteur trouvera dans la planche XIII. Le type graphique des médailles de la Characène et de l'inscription d'Abouschadhr nous y fournit un échelon intermédiaire dont la connaissance avait manqué à Kopp, et grâce à cet échelon, le fait, avancé par nous plus haut, de la dérivation du sabien, sortant directement de l'alphabet palmyrénien, devient désormais évident, et, croyons-nous, incontestable.

On le voit par le tableau de la planche XIII, le ג, le ה, le ח, le כ, le ל, le מ, le ס, le ע, le פ, le צ, le ק et le ש, dans le sabien, se rapprochent davantage du palmyrénien cursif que du palmyrénien oncial. Cependant, plus que toutes les autres écritures sorties de la même source, l'alphabet dont nous nous occupons renferme une quantité notable de caractères dont l'origine s'explique par le palmyrénien oncial mieux que par le palmyrénien cursif. Tels sont : א ו ז ט נ ת.

La particularité la plus saillante de la dérivation sabienne, lorsqu'on la compare à son type araméen, est la tendance à boucler les caractères. Ainsi se forme de par la jonction du trait de gauche recourbé inférieurement vers la droite avec la barre oblique principale et la suppression du trait supérieur de droite. De même est produit par la jonction du trait inférieur de gauche de la lettre avec la haste de droite. se ferme également pour devenir , par l'intermédiaire de la forme que nous ont révélée les monnaies. Le פ, de devient , avec une boucle au sommet comme en estranghelo et dans les autres alphabets syriaques. Enfin les boucles supérieures du ד et du

ר, fermées dans l'écriture phénicienne, mais ouvertes dès l'araméen primitif, se referment dans le type graphique de l'inscription d'Abouschadhr, pour s'ouvrir, il est vrai, de nouveau dans celui des manuscrits du *Livre d'Adam*.

Ce qui rend surtout l'alphabet sabien fort intéressant, c'est sa nature intermédiaire entre deux dérivés au même degré de l'araméen tertiaire ou palmyrénien, fort différents l'un de l'autre, le syriaque estranghelo et l'auranitique (dont nous parlerons dans le chapitre suivant).

Si l'on reprend caractère à caractère l'écriture sabienne, on y voit que huit lettres ont une figure presque semblable à celle des lettres auranitiques, et ont donc passé de l'araméen dans ces deux alphabets de la même manière et d'après des tendances identiques. Ce sont : א, ג, ו, ז, כ, ל, ס, ת. Cinq autres caractères, tout à fait différents de l'auranitique, se rapprochent étroitement de l'estranghelo : ב, ח, מ, ע, פ. Enfin, quant aux lettres ד, ה, י, נ, צ, ק, ר et ש, leur dérivation est tout à fait *sui juris*, et ne rappelle aucun des alphabets sortis également et au même degré du palmyrénien.

CHAPITRE X.

L'ALPHABET AURANITIQUE.

I.

Les deux savants et courageux voyageurs qui ont exploré dans les dernières années la région, archéologiquement presque inconnue jusqu'alors, du Haouran, M. Waddington et M. le comte de Vogüé, ont découvert dans la partie septentrionale de cette contrée toute une série d'inscriptions qui révèlent le type d'écriture indigène dont on s'y servait dans les deux siècles qui ont immédiatement précédé et suivi la naissance du Christ.

Ces inscriptions, publiées et interprétées par M. de Vogüé (1), sont au nombre de sept.

La première (2), qui est bilingue, accompagnée d'une traduction grecque (3), se lit à Soueideh sur un grand tombeau d'ordre dorique (4), dont le style indique le premier siècle avant Jésus-Christ, environ le temps d'Hérode le Grand, date qui se déduit également des caractères

(1) *Revue archéologique*, nouv. sér., t. IX, p. 284-287, pl. X. — *Syrie centrale, Inscriptions sémitiques*, p. 89-99, pl. 13.

(2) *Syrie centrale, Inscriptions sémitiques*, Haouran, n° 1.

(3) Waddington, *Inscriptions grecques et latines de la Syrie*, n° 2308.

(4) De Vogüé, *Syrie centrale*, *Architecture*, pl. I.

paléographiques de l'inscription grecque. C'est l'épitaphe d'une femme nommée Hamrath, à laquelle son mari Odainath éleva ce monument. M. Waddington reconnaît avec raison dans cet Odainath l'Odheyna des traditions arabes (1), chef de la tribu des Benou-Samayda ou Benou-Amila-el-Amâliq, fondateur d'une petite dynastie sur les confins de la Syrie et du désert.

Les autres textes (2) proviennent du temple de Siah, curieux édifice situé près de Qennaouat (l'ancienne Canatha), que MM. Waddington et de Vogüé ont fait entièrement déblayer. Les inscriptions grecques trouvées dans les fouilles (3) démontrent que ce temple fut construit à la fin du premier siècle avant notre ère, par deux personnages nommés, l'un Maleikath, fils de Ausou, fils de Moaierou, l'autre Maleikath, fils de Moaierou, fils de Maleikath, c'est-à-dire petit-fils du premier. Le premier avait fait bâtir le temple et l'atrium qui l'entoure ; le second, un peu plus tard, sous Hérode le Grand, fit refaire et surélever le temple, ὑπεροικοδομήσαντι τὸ ἱερόν. En reconnaissance de ce service, les habitants de la ville de Siah et les membres de la tribu d'Obaisath élevèrent à ces deux personnages des statues dont on a retrouvé les bases à leur place primitive, sur les marches du temple. En même temps un certain Obaisath, de la tribu mentionnée ci-dessus, éleva une statue au roi Hérode (4). Malheureusement les premiers chrétiens brisèrent cette statue en mille pièces ; la base elle-même a été retrouvée renversée.

Les six inscriptions indigènes du temple de Siah sont les suivantes :

1° La dédicace de Maleikath, fils d'Ausou, fils de Moaierou, gravée en grandes lettres sur l'architrave de l'atrium ;

2° La dédicace de la statue élevée au petit-fils de ce personnage par la tribu d'Obaisath, et exécutée par le sculpteur Kaddou, fils d'Obaisath ;

3° Une petite dédicace au dieu Qassiou, אל קציו (5), le Jupiter Ca-

(1) Caussin de Perceval, *Histoire des Arabes*, t. I, p. 233 ; t. II, p. 27 et 191.

(2) De Vogüé, *Syrie centrale*, *Inscriptions sémitiques*, Haouran, n°s 2-7.

(3) Waddington, *Inscriptions grecques et latines de la Syrie*, n°s 2364-2366.

(4) *Ibid.*, n° 2364.

(5) Sur ce dieu, voy. A. Levy, *Zeitschr. der deutsch. Morgenl. Gesellsch.*, t. XVIII, p. 361. —

sius des Grecs de l'époque séleucide (1), qui paraît avoir été le dieu auquel était consacré le temple de Siah;

4° La mention du travail d'un sculpteur nommé Soûdou, gravée sur une base de statue de petite dimension;

5° et 6° Deux fragments mutilés de dédicaces inscrites sur un vase de basalte décoré de rinceaux et sur une base de statue.

Il faut joindre encore à ces exemples une inscription de Qennaouat, copiée assez inexactement par Burckhardt (2) et par Seetzen (3), mais dont M. de Vogüé (4) est parvenu à rétablir la lecture.

Aucun de ces monuments ne peut descendre au-dessous du premier siècle de notre ère. Postérieurement toutes les inscriptions du Haouran proprement dit, sans exception, sont grecques, et les traces d'une écriture indigène y disparaissent absolument, jusqu'au moment où l'arabe, faisant tout à coup son apparition, met à son tour en fuite la langue et l'alphabet des Hellènes.

Les valeurs de l'alphabet qui sert à tracer les inscriptions dont nous venons de parler ont été établies, de la manière la plus certaine et la plus heureuse, par M. le comte de Vogüé (5), dont nous n'avons qu'à reproduire sur ce point le travail. Le lecteur trouvera dans la planche XIV la liste complète des caractères de cet alphabet, que nous appelons *auranitique,* tous ses monuments jusqu'à présent connus provenant de l'ancienne Auranitide.

On y remarquera des variantes assez notables dans la forme de quelques lettres. Celles du א et du ו correspondent à des différences d'époques. Ces deux caractères sont en effet [illegible] et [illegible] dans les inscriptions antérieures à l'occupation du pays par Hérode le Grand, [illegible] et [illegible] dans celles qui datent du règne de ce prince. En revanche, les variantes du ה et du ט n'indiquent aucune différence de temps, car on

Syrie centrale, Inscriptions sémitiques, p. 104 et suiv. — Et mes *Lettres assyriologiques,* t. II, p. 118.

(1) Voy. Ch. Lenormant, *Nouvelle galerie mythologique*, pl. VIII, n° 13.

(2) *Travels in Syria,* p. 84.

(3) *Reisen durch Syrien,* t. I, p. 80.

(4) *Syrie centrale, Inscriptions sémitiques,* p. 97.

(5) Voy. encore *Revue archéologique*, nouv. sér., t. XI, pl. VIII, col. 7.

les trouve simultanément dès avant l'époque où le pouvoir du roi des Juifs s'étendit sur l'Auranitide.

II.

L'alphabet auranitique n'est qu'une dégénérescence de l'araméen tertiaire ou palmyrénien dans sa forme la plus ancienne, qui nous a été révélée par l'inscription de Palmyre datée de l'an 304 des Séleucides (voy. tome I, p. 242). Il suffit de dresser, comme nous l'avons fait dans la planche XIV, un tableau comparatif des deux écritures, pour démontrer d'une manière incontestable cette proposition, qui cadre de la manière la plus convenable avec les dates des monuments épigraphiques du Haouran.

L'action simultanée de deux tendances, tenant l'une et l'autre à la recherche d'un tracé plus rapide de l'écriture par la diminution du nombre de traits de plume dont se compose chaque lettre, est manifeste dans l'alphabet auranitique, et explique toutes les différences qu'il offre avec le palmyrénien.

La première de ces tendances consiste à supprimer certaines parties des lettres pour plus de rapidité. C'est ainsi que disparaissent graduellement toutes traces des anciennes têtes du ב et du ד phéniciens. Cette tendance se prononcera bien plus à nos yeux lorsque nous passerons, dans le chapitre suivant, de l'auranitique à son dérivé ou plutôt à sa forme postérieure, le nabatéen.

La seconde consiste dans le bouclement et la fermeture de certains caractères ouverts en palmyrénien, bouclement qui a pour but de réunir deux traits en un seul et de les tracer d'un même coup de plume ou de calame. C'est ainsi que :

[glyph] devient [glyph], puis [glyph], par la jonction du trait de gauche recourbé inférieurement vers la droite avec la barre oblique principale;

[glyph] devient d'abord [glyph], puis [glyph], et cette forme fermée, qui dans l'hébreu carré et dans l'estranghelo était uniquement réservée au rôle

de finale, s'emploie aussi bien au commencement ou au milieu qu'à la fin des mots.

La formation des lettres ן, ט, צ, nous offre des faits exactement pareils.

Nous avons observé déjà la même tendance dans un autre dérivé au même degré du palmyrénien, dans le sabien ou mendaïte.

La figure que prend le ק dans l'auranitique, comparée à celle qu'a la même lettre dans le palmyrénien, présente à la fois une simplification du nombre des traits et un bouclement. Quant au ח, d'abord presque semblable au palmyrénien cursif, nous en avons deux tracés postérieurs fort différents l'un de l'autre, qui portent l'empreinte des deux tendances que nous venons de signaler; le premier, [glyph], est le résultat d'une simplification tachygraphique qui l'a ramené très-près du type phénicien archaïque; le second, [glyph], s'est fermé et bouclé. Nous verrons ces deux types, produits par deux tendances diverses bien qu'ayant la même cause, passer l'un et l'autre dans le nabatéen, et s'y partager les rôles d'initiale et de finale.

Il faut enfin noter la singulière modification de forme du י, qui se perpétuera dans le nabatéen et dans l'arabe, mais qui n'a aucun analogue dans les autres écritures de la famille araméenne. Tandis que tous les autres caractères tendent à la simplification de leur tracé, celui-ci se complique et prend une figure toute nouvelle. Il était comme un simple petit crochet dans le palmyrénien; l'inscription de Soueideh, la plus ancienne que nous possédions, montre comment cette figure s'est d'abord altérée sous une influence cursive de la main, la lettre restant encore la plus petite de toutes. Puis, dans les inscriptions de Siah, on voit le tracé s'arrondir, s'allonger, se modifier successivement jusqu'au type que nous allons retrouver dans le nabatéen, d'où il passera à l'arabe, type dont l'origine serait très-difficile à comprendre sans cette série d'intermédiaires, et où le י a désormais le même développement que les autres signes de l'écriture, un développement même beaucoup plus grand que celui d'autres lettres en arabe quand il est à l'état de finale.

La langue des inscriptions auranitiques est un dialecte araméen fort pur. Les noms propres y ont un caractère nabatéen très-déterminé. L'alphabet lui-même ne diffère pas essentiellement de l'alphabet nabatéen, que nous allons étudier dans le chapitre suivant. Il n'en est en réalité qu'une forme un peu plus antique et plus voisine de la source, c'est-à-dire de l'araméen tertiaire, immobilisée dans une province écartée du centre de la vie de la nation des Nabatéens. Encore l'immobilisation est-elle presque insensible; et, les inscriptions auranitiques étant plus anciennes que la plupart des inscriptions nabatéennes, l'écriture auranitique des monuments de Siah du temps d'Hérode le Grand ne présentant que des différences à peine perceptibles avec l'écriture nabatéenne de l'inscription contemporaine de Bosra (1), datée de l'an 11 du roi Malchus (17 av. J. C.), on serait tenté d'établir une suite continue de dégénérescence qui ne permettrait plus de déterminer de point de séparation entre les deux alphabets, si l'inscription de Saïda (2), gravée en l'an 32 du roi Arétas Philhellène (60 avant J. C.), et les monnaies du même prince, ne fournissaient pas des exemples de l'emploi fait dès lors par les Nabatéens proprement dits de formes de lettres spéciales et plus éloignées du prototype que celles que l'inscription de Soueideh nous montre encore en usage dans l'Auranitide au même moment ou bien peu d'années après. En tous cas, la distinction entre l'alphabet auranitique et l'alphabet nabatéen de la même époque est très-peu saillante; on pourrait sans inconvénient les réunir sous une seule rubrique, comme des variétés de la même écriture correspondant à des phases successives de son existence. La séparation que nous établissons entre deux est, nous devons le reconnaître, assez artificielle, et tient surtout à notre tendance à multiplier les divisions afin de rendre la chronologie des écritures sémitiques plus claire et leur filiation plus précise.

(1) De Vogüé, *Syrie centrale, Inscriptions sémitiques,* textes nabatéens, n° 4.
(2) *Ibid.,* n° 7 a.

CHAPITRE XI.

L'ALPHABET NABATÉEN.

I.

Depuis bien longtemps l'attention a été éveillée sur les inscriptions en caractères inconnus qui couvrent, dans certains endroits, les rochers de la presqu'île du Sinaï. Signalées d'abord au sixième siècle par Cosmas Indicopleustes, remarquées par tous les voyageurs qui ont parcouru ces contrées, elles ont donné lieu à plus d'une interprétation dictée par des idées préconçues. On a voulu y voir des monuments du séjour des Israélites, des textes contemporains de Moïse, et dernièrement encore, en Angleterre, on a tenté de renouveler cette opinion, que la science n'a point acceptée.

Ce n'est que dans le siècle dernier que l'on a commencé à posséder en Europe des copies des inscriptions sinaïtiques. Pococke est le premier qui en ait rapporté (1); après lui Niebuhr (2), Edward Wortley Montagu (3), Coutelle et Rozière (4), Seetzen (5), Burckhardt (6), Rüp-

(1) *Description of the East*, t. I, pl. LIV et LV.

(2) *Reisebeschreibung nach Arabien und andern umliegenden Lændern*, t. I, pl. XLIX et L.

(3) *An account of a journey from Cairo to the Written mountains in the Desert of Sinaï*, dans les *Philosophical transactions*, t. LVI; Londres, 1768.

(4) *Description de l'Égypte, Antiquités*, planches, t. V, pl. LVII.

(5) Dans les *Fundgruben des Orients*, t. II, p. 474, et la planche qui y est jointe.

(6) *Travels in Syria and in the Holy Land*, pp. 478, 484, 581, 582, 583, 606, 608, 613.

pell (1), Henniker (2), MM. Léon de Laborde et Linant (3), lord Prudhoe et le major Félix (4), et surtout Grey (5), ainsi que M. Lottin de Laval (6), M. Lepsius (7) et M. P. Porphyr (8), par les nombreux dessins et copies qu'ils en ont publiés, ont permis d'aborder l'étude de ces textes, dont la langue et l'écriture étaient également un mystère.

En 1840, E. F. F. Beer, dont le nom s'est déjà rencontré sous notre plume à propos de l'inscription de Carpentras et des papyrus araméens, dans le troisième fascicule de ses *Studia asiatica* (9), publia un travail assez développé sur les inscriptions du Sinaï. Beer y fixait avec une merveilleuse sagacité l'alphabet de ces inscriptions, en déterminait les valeurs, et permettait ainsi la lecture de textes jusqu'alors désespérés. Malheureusement la mort vint interrompre ses recherches et l'empêcha de pousser plus avant dans la voie qu'il avait si brillamment ouverte. Une dizaine d'années après, un autre Allemand, M. Tuch, consacra aux inscriptions du Sinaï une étude assez développée dans la *Zeitschrift der deutschen morgenlændischen Gesellschaft* (10). Bien qu'adoptant entièrement les valeurs de l'alphabet de Beer, dont on ne saurait désormais s'écarter sans sortir de la voie scientifique, M. Tuch a proposé des opinions entièrement différentes sur la nature de la langue des inscriptions et sur leur objet. Mais ce n'a pas été avec un bonheur complet. Sur le premier point, il a été réfuté par le docteur A. Levy, dans un travail qui restera fondamental au point de vue philologique comme

(1) Dans les *Fundgruben des Orients*, t. V, p. 432, et la planche.

(2) *Notes during a visit to Egypt.*

(3) *Voyage de l'Arabie Pétrée*, pl. X.

(4) *Specimens of the inscriptions in a unknown character, which are cut on granite and sandstone rocks between Mount Sinaï and the Red Sea.* Six planches autographiées.

(5) *Inscriptions from the Waady El-Muketteb, or the written Valley, copied in 1820, and communicated to the Royal Society of Literature in 1830.* Dans les *Transactions of the Royal Society of Literature*, 1re série, t. II, p. 1 et suiv.; avec 14 planches.

(6) *Voyage dans la Péninsule arabique du Sinaï et l'Égypte Moyenne*, Paris, 1859, in-f°.

(7) *Denkmæler aus Ægypten und Æthiopien*, part. VI, pl. XIV-XXI.

(8) *Voyage au Sinaï* (en russe), Saint-Pétersbourg, 1857.

(9) *Inscriptiones veteres literis et lingua hucusque incognitis ad montem Sinaï magno numero servatae*, Leipzig, 1840, in-4°.

(10) T. III, p. 129-215.

au point de vue de l'étude onomastique et des renseignements qui en résultent pour la connaissance de l'ancien paganisme nabatéen (1).

Les lettres fournies par les inscriptions du Sinaï remplissent la 7e colonne du tableau de la planche XV.

La date de ces inscriptions ne fait plus question dans la science. Tous s'accordent à reconnaître que ces précieux textes, qui constituent la série la plus nombreuse dans les monuments de l'épigraphie sémitique, ont été gravés dans un intervalle qui s'étend du deuxième au cinquième siècle de l'ère chrétienne.

Les inscriptions sinaïtiques sont toutes d'une extrême simplicité et ne contiennent guère que des noms propres. On peut les distinguer en trois catégories d'après la formule qui les commence, שלם, דכיר ou בריך.

Beer les considérait comme d'origine chrétienne. M. Credner (2), et ensuite M. Tuch, avec beaucoup plus de développements, ont contesté cette opinion et prétendu établir que le Sinaï, le Djebel Serbâl et ses environs, Ouadi Farân et tous les lieux où l'on rencontre des inscriptions, avaient été le théâtre de pèlerinages, non pas chrétiens, mais sabéens, et que c'étaient ces pèlerinages qui avaient laissé leurs traces sur les rochers. C'est à cette manière de voir que s'est aussi rallié le docteur A. Levy. Nous avons, au contraire, repris l'opinion de Beer et tenté d'établir que les proscynèmes du Sinaï ne pouvaient être l'œuvre que de chrétiens ou de juifs (3). Nous avons même interprété par le formulaire habituel de ces deux religions les expressions qui sont placées en tête de ces inscriptions.

Toutes ces conclusions étaient trop absolues. On ne peut aujourd'hui douter que parmi les proscynèmes du Sinaï il n'y en ait de païens, de juifs et de chrétiens, sans changement dans les formules. Si donc il fallait en rapporter l'origine à des pèlerinages, comme on l'avait

(1) *Zeitschr. der deutsch. Morgenl. Gesellsch.*, t. XIV, p. 363-484.
Voyez encore E. Meier, *Zeitschrift der deutsch. Morgenl. Gesellsch.*, t. XVII, p. 575-645. — Th. Nœldeke, même volume, p. 703-708.

(2) *Heidelberger Jahrbücher*, 1841, p. 923.

(3) *Journal asiatique*, 5e série, t. XIII, p. 5-58 et 194-214. — Voyez aussi un court article publié dans la 5e série, t. XVIII, p. 263-270.

fait d'abord, on devrait admettre que ces pèlerinages ont été successivement fréquentés par des hommes des trois religions. Mais aujourd'hui une telle origine est très-douteuse, depuis que le docteur Levy a montré qu'il ne fallait pas lire, comme on l'avait fait d'abord, la qualification de זיר ou זאר, traduite par « pèlerin », à la suite des noms propres des auteurs de l'immense majorité des inscriptions. Les textes si courts inscrits sur les rochers de la péninsule du Sinaï n'ont probablement pas plus trait à l'accomplissement d'actes religieux, comme des pèlerinages, que les inscriptions, conçues environ de même, mais tracées avec un alphabet issu de l'himyaritique, qui se rencontrent un peu partout dans le désert de Safa ; et je serais maintenant disposé à les considérer comme ayant été simplement, pour ceux qui les gravaient, de ces indications de repère servant à désigner les lieux de pâturage habituel et à guider les uns près des autres les hommes d'une même tribu, qui sont si nécessaires dans la vie des pasteurs nomades et dont on trouve l'usage encore aujourd'hui dans diverses parties de l'Arabie, de même qu'en Afrique chez les Touaregs.

Quoi qu'il en soit, il n'y a pas moyen de contester qu'une notable portion des inscriptions sinaïtiques n'ait été tracée par des individus professant une religion païenne. La multitude des noms propres où entrent en composition des appellations de dieux du paganisme syro-nabatéen fournit déjà une présomption à cet égard ; cependant on ne peut pas y voir une preuve décisive, car des noms semblables, comme je l'ai fait remarquer ailleurs, ont été conservés dans les premiers siècles par des chrétiens de tous les pays. Et en effet, dans les inscriptions sinaïtiques elles-mêmes, on en trouve avec les signes les plus éclatants du christianisme, comme la croix (1) ou le chrisme cruciforme (2) ; or ils ne doivent pas plus nous y surprendre que dans les martyrologes les noms des saints Horus, Hercule, Phébus, Ammon, Anubis, ou des saints Artémius, Apollinaire, Démétrius, etc. Mais ce qui ne laisse plus place au doute, ce sont les proscynèmes où des personnages s'intitulent prêtres de divinités païennes ; en ce genre, nous relevons deux « prê-

(1) Grey, n° 142. — Beer, n° 42. — Lottin de Laval, pl. I, n° 1.
(2) Grey, n° 11.

tres du dieu Ta, » כהן תא אלה (1) et כהן תא (2), et deux « prêtres de la planète Vénus, » la principale déité des *Saraceni* de la péninsule du Sinaï (3), כהן דריא (4).

D'un autre côté, le christianisme d'une autre partie des auteurs de ces mêmes inscriptions n'est pas moins certain. Il est attesté par la croix dont quelques-uns d'entre eux ont accompagné la mention de leur nom (5), ou par le monogramme cruciforme du Christ, qui la remplace dans un certain nombre d'exemples (6). Je rattache aussi à la classe des symboles chrétiens la figure, encore plus fréquente, d'une sorte de fourche à deux branches, qui est peut-être un type particulier de la croix, et au sujet de laquelle je crois devoir maintenir ce que j'ai dit il y a quatorze ans (7).

On voit par là qu'il n'y a aucun rapport à établir entre les proscynèmes du Sinaï et les rites ou les pèlerinages d'une religion spéciale, et que leurs auteurs, tout en se servant des mêmes formules, professaient des cultes différents. Ce qu'on sait de l'état religieux des pays syro-arabes pendant les siècles auxquels on doit les rapporter, donne lieu de penser qu'il doit y en avoir aussi qui ont été tracées par des hommes de religion juive. Mais, si le fait est probable, il n'a pas la même certitude que celui de l'existence de païens et de chrétiens parmi leurs auteurs.

Les formules de ces proscynèmes ont, du reste, un caractère élastique qui a pu les faire employer également bien par des individus de cultes différents, et je dois reconnaître que les dernières découvertes de monuments de l'épigraphie sémitique de la Syrie sont venues démentir les tentatives que j'avais faites pour les expliquer par le formulaire propre à une

(1) Grey, n° 83. — Tuch, n° 21.
(2) Grey, n° 139. — Tuch, n° 20.
(3) S. Hieronym. *Ad* Amos, V, 26; *Vit. Hilarion.*, 25.
(4) Grey, n°s 80 et 122. — Tuch, n°s 17 et 18.
(5) Grey, n° 142. — Beer, n° 42. — Lottin de Laval, pl. I, n° 1.
Grey, n°s 19, 85 et 111. — Lottin de Laval, pl. XVIII, n° 5 et pl. LVI, n° 7. — Lepsius, *Denkmæler*, Abth. VI, pl. 17, n° 74.
(6) Grey, n° 11.
Lottin de Laval, pl. IV, n° 4.
L. de Laborde, *Voyage de l'Arabie Pétrée*, pl. X. — Lepsius, Abth. VI, pl. 17, n° 87c, et pl. 19, n° 137.
(7) *Journal asiatique*, 5e série, t. XIII, p. 25-27.

religion déterminée. Ce sont de simples souhaits de bon augure, qui ont dû pourtant revêtir, pour les chrétiens et les juifs, par leur correspondance avec des expressions bibliques, un caractère d'invocations pieuses.

L'acclamation שלם, « *pax!* » qui commence plus de la moitié des proscynèmes du Sinaï, termine l'inscription de la base d'une des statues honorifiques élevées par des tribus païennes dans le temple de Baalsamin à Siah (1); un autre fragment du même temple nous offre la formule לשלם (2). Les mots שלם קרי, « *dic: pax!* » terminent l'inscription dédicatoire nabatéenne de la porte d'un temple de la déesse Allath à Hebrân (3) et rappellent étroitement l'invocation familière arabe قرأ عليه السلام, « la paix soit dite sur lui (4)! ». Pour les chrétiens, dans les inscriptions où cette formule est accompagnée de la croix ou du chrisme, elle prit sans doute une signification plus déterminée, celle du vœu de la paix chrétienne, exprimé dans les formules fameuses ЄN ЄIPHNH, IN PACE, tant de fois reproduites sur les monuments des premiers fidèles. On sait que ces dernières formules, qui se rapportent à des passages de l'Ancien Testament, étaient en usage chez les Juifs aussi bien que chez les Chrétiens. La plupart des épitaphes juives de la catacombe de la *Via Portuensis*, étudiées dans le VIe chapitre de ce Livre (5), nous ont offert à la fin l'acclamation שלום, « *pax!* » et une inscription de la même catacombe, conservée au Musée du Capitole (6),

(1) De Vogüé, *Syrie centrale, Inscriptions sémitiques*, Haouran, n° 3.
(2) *Ibid.*, n° 7.
(3) De Vogüé, *Syrie centrale, Inscriptions sémitiques*, textes nabatéens, n° 1.
(4) *Ibid.*, p. 101.
(5) T. I, p. 264-267.
(6) Voici le texte de cette inscription :

ЄNΘΑΚΙΤЄΑΜΜΙ
ΑCΙΟΥΔЄΑΑΠΟ
ΛΑΔΙΚΙΑCΗΤΙC
ЄΖΗCЄΝЄΤΗ

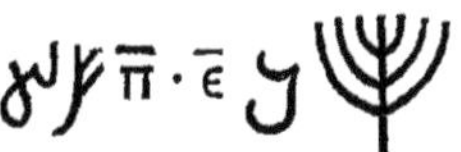

Ἔνθα κ[εῖ]τ[αι] Ἀμμιὰς Ἰουδ[αῖ]α ἀπὸ Λα[ο]δικ[εί]ας, ἥτις ἔζησεν ἔτη πε'.

Le nom propre Ἀμμιὰς recèle évidemment la forme féminine du nom de עמיו, si fréquent

montre à la même place que l'acclamation hébraïque le mot שלם en caractères nabatéens, écrit exactement comme dans les proscynèmes du Sinaï. שלם devant un nom propre doit être traduit de même, dans ces derniers textes, par l'acclamation « *pax!* » ou plutôt encore considéré comme un verbe à la forme optative, « *salvus sit, sit in pace* ». C'est en effet la construction que semblent réclamer les mots לטב, *in bonum*, qui viennent à la fin de presque toutes les inscriptions, à la suite du nom de l'auteur, et qui doivent évidemment se rattacher au שלם initial. La formule entière est donc לטב.... שלם, *sit in pace* N, *in bonum*. Un proscynème la complète encore en y introduisant une invocation à Dieu : שלם אלה משו, *Sit in pace, Deus, Moyses* (1). Ici le caractère juif ou chrétien de l'inscription n'est pas douteux. Quelquefois, au lieu du simple שלם, on trouve au commencement du proscynème les mots שלם עד עלם, *sit in pace in aeternum;* en pareil cas il est peu probable que le proscynème ait été tracé par un païen.

La seconde, דכיר, est traduite dans les proscynèmes bilingues par le grec μνησθῇ, *sit in memoria*. Elle se complète par les mots לטב, qui terminent sans exception toutes les inscriptions commençant de cette manière. Nous avons ainsi une formule לטב....דכיר, *sit in memoria N. in bonum*, en grec μνησθῇ ἐν ἀγαθῷ, qui semblerait au premier abord ne pouvoir être que juive ou chrétienne, puisqu'elle est exactement conforme à un verset de la Bible : זָכְרָה־לִּי אֱלֹהַי לְטוֹבָה, *memento mei Deus meus in bonum* (2). Mais ici encore il importe de se défier des conclusions prématurées, puisque l'acclamation דכרון טב למליכת, contenant le même souhait, exprimé dans les mêmes termes, en faveur de l'auteur de la construction, commence l'inscription dédicatoire gravée sur l'architrave du temple du dieu Baalsamin à Siah (3). La formule n'a donc pas un caractère religieux précis et n'est pas directement empruntée au passage biblique. Mais un personnage, qui était certaine-

dans les proscynèmes sinaïtiques et transcrit dans les inscriptions bilingues en ΑΜΜΑΙΟϹ (Lepsius, n°s 93 et 96).

(1) Seetzen, n° 27. — Lepsius, n° 122, 6.

(2) II Esdr. V, 19.

(3) De Vogüé, *Syrie centrale, Inscriptions sémitiques*, Haouran, n° 2.

ment juif ou chrétien, a fait une allusion formelle à ce passage quand il a transformé la simple acclamation de bon augure en une prière au Dieu des religions monothéistes, דכיר אלה ירחו, *Memento Deus Iarchi* (1). Ainsi complétée, la formule devient exactement semblable à celles d'inscriptions grecques tracées dans les mêmes lieux et dans le même temps par des pèlerins venus d'autres contrées pour faire le même voyage pieux, lesquelles commencent par les mots μνήσθητι Κύριε τοῦ δούλου σοῦ (2), et à celles d'inscriptions coptes que les dévots originaires de l'Égypte ont laissées sur le mont Sinaï, inscriptions dont le début est toujours πσ̄ς ἀριπμεγ πεκ βοκ, *Domine memento servi tui* (3). Un proscynème ajoute à la fin לעלם, *in aeternum*, après לטב. Dans un autre, nous trouvons, au lieu de דכיר····לטב, דכיר....לשלם, *sit in memoria N, in pacem* (4). Un dernier enfin réunit les deux formules qui viennent de nous occuper : דכיר לטב ושלם גרמאלבעלי, *sit in memoria in bonum et sit in pace Garmelbalus* (5).

Quant à la formule בריך, beaucoup plus rare que les deux autres, le sens n'en est pas douteux : *Benedictus sit N.*

Beer considérait comme araméen l'idiome des proscynèmes du Sinaï. M. Tuch a contesté en cela sa manière de voir comme en ce qui avait rapport à la religion des auteurs de ces textes. Il a prétendu y retrouver de l'arabe presque pur et conforme au dialecte des Qoreïschites. Mais depuis le mémoire du docteur A. Levy, qui a repris à fond la question philologique et l'a traitée avec une supériorité décisive contre laquelle s'est vainement débattu M. Blau (6), on ne saurait plus nier l'aramaïsme des inscriptions sinaïtiques.

L'idiome de ces inscriptions est donc araméen, mais il constitue un

(1) Seetzen, n° 24.

(2) Lepsius, n° 134, 1-4, et n° 154, 1-2.

(3) Lepsius, n° 167; voy. n°s 153, 156 et 152. — Cf. ce que j'en ai dit dans le *Journal asiatique*, 5e série, t. XIII, p. 201 et suiv.

(4) Grey, n° 123.

La même réunion des deux formules se rencontre encore dans une seconde inscription : Grey, n° 141. — Beer, n° 120. — Lottin de Laval, pl. XV, n° 4.

(5) *Zeitschr. der deutsch. Morgenl. Gesellsch.*, t. XVI, p. 331-389.

(6) Genes., XXV, 4.

dialecte particulier dans la famille araméenne, et il le doit aux arabismes dont il est empreint. Ce sont : 1° la terminaison de presque tous les noms propres par un ו, correspondant au *dhamma* final de l'arabe littéral (cependant on peut douter maintenant que ceci soit réellement un arabisme, car on retrouve la même terminaison des noms propres en ו, non-seulement dans les inscriptions auranitiques, mais dans les légendes des monnaies araméennes de la Cilicie sous les Achéménides ; les autres faits allégués également comme arabismes par le docteur A. Levy sont bien mieux caractérisés, mais il est à remarquer qu'ils ne se présentent guère que dans les noms propres et qu'on pourrait les regarder comme établissant une différence linguistique entre ces noms et l'idiome du reste des inscriptions) ; 2° le génitif formé par la substitution d'un י à ce ו final, qui se remarque dans quelques noms propres, tels que אוש- אלהי, תים-אלהי, גרם-אלהי, גרם-אל-בעלי ; 3° la formation des diminutifs par l'adjonction d'un י entre la seconde et la troisième radicale, חרשו produisant חרישו et אושו donnant naissance à אווישו ; 4° enfin l'emploi de l'article אל.

Ce dernier trait, qui se rencontre dans les inscriptions du Sinaï à côté de l'emploi de formes emphatiques purement araméennes qui sembleraient au premier abord devoir l'exclure d'une manière absolue, se retrouve dans la Bible dans un nom propre d'homme appartenant à l'Arabie Pétrée, אֶלְדָּעָה, nom d'un fils de Madian (1). L'article אל commence aussi le nom d'une ville de la tribu de Ruben, אלעלה (2), située dans le voisinage d'Hésebon, à la frontière des populations juive et nabatéenne.

II.

Les observations philologiques par lesquelles nous avons clos le paragraphe précédent semblent bien clairement désigner, pour les au-

(1) Num., XXXII, 3.

teurs des proscynèmes du Sinaï, les Nabatéens, ce peuple d'origine araméenne, mais profondément influencé par les Arabes, qui jeta un si grand éclat et sut concentrer entre ses mains tant de richesses acquises par le commerce, dans les siècles qui précédèrent et suivirent immédiatement la venue du Christ.

Ce fait, entrevu déjà par Beer, et l'attribution exclusive de l'alphabet qui nous occupe en ce moment aux Nabatéens, sont rendus certains par des monuments dont la connaissance complète et l'intelligence ne datent que d'un très-petit nombre d'années.

On rencontre dans presque tous les cabinets de numismatique de petites monnaies d'argent et de bronze, portant pour la plupart, d'un côté, une tête laurée, aux longs cheveux épars, qui paraît être celle du roi, d'après les légendes qui l'accompagnent, malgré le caractère idéal et assez peu individuel qui lui est donné sur certains exemplaires, et, de l'autre, une tête de femme voilée, qui est celle d'une reine; sur d'autres, les deux têtes sont accolées et le type du revers présente deux cornes d'abondance croisées. A part quelques exceptions, les têtes, bien que variant légèrement entre elles, sont munies des mêmes accoutrements, lesquels se montrent de nature à faire penser que les princes nabatéens se faisaient représenter sur leurs monnaies avec les attributs d'un couple divin.

Nous avons le premier signalé cette classe de monnaies dans notre *Description des médailles de M. le baron Behr* (1), en les attribuant aux rois nabatéens de Pétra. Mais nous n'avions alors à notre disposition que deux pièces, dont les légendes incomplètes nous induisirent en erreur sur plusieurs points, entre autres sur les noms propres des rois. Un peu plus tard, le duc de Luynes consacra dans la *Revue numismatique* (2) aux médailles nabatéennes une étude développée, dans laquelle il en fit connaître vingt-huit variétés différentes. L'illustre et si regrettable académicien adoptait dans ce travail notre attribution et reconnaissait comme nous sur les pièces à deux têtes, au droit le nom d'un roi, מלך, et au revers celui d'une reine, מלכת. M. Victor Lan-

(1) P. 147.
(2) Nouv. sér., 1858, p. 292-316 et 362-385.

glois, dans la *Numismatique des Arabes avant l'islamisme* (1), et le docteur A. Levy, dans son Mémoire du *Journal de la Société asiatique allemande* (2), reproduisirent ensuite purement et simplement les principales données obtenues par le duc de Luynes. Mais, plus récemment, mon savant ami le comte de Vogüé, reprenant la question à l'aide de nouveaux documents numismatiques et s'appuyant principalement sur les inscriptions qu'il venait de découvrir dans son voyage en Syrie, si fécond pour la science, a pu apporter de très-heureuses rectifications au travail de son éminent prédécesseur et établir d'une manière définitive le classement ainsi que les dates de la série monétaire des monarques nabatéens (3), laquelle, dans les monuments jusqu'à présent connus, s'étend depuis le commencement du premier siècle avant notre ère jusqu'à la réduction du royaume de Pétra en province romaine, sous Trajan.

Le titre constant des princes dont le nom est inscrit sur ces monnaies est celui de מלך נבטו, « roi de Nabat », dont la lecture, incontestable et confirmée aujourd'hui par les inscriptions du Haouran, est due au duc de Luynes. La forme נבטו pour le nom du peuple, est différente de l'hébreu נְבָיוֹת, qu'il ne faut peut-être pas assimiler aux Nabatéens, mais conforme à l'orthographe arabe نبط ou نبيط.

Les princes dont on possède jusqu'ici les monnaies sont au nombre de quatre :

Arétas Ier, חרתת, le Philhellène (95-50 av. J.-C.), le même dont on a aussi des monnaies à légendes grecques frappées à Damas ;

Arétas II, Démophile, חרתת.... רחם עמה (7 avant J.-C. — 40 (?) apr. J.-C.), associé successivement à ses deux femmes, Chulda, חלדו, et Seqailath, שקילת ;

Malchus III, מלכו (40-75 de l'ère chrétienne), associé à une autre Seqailath, שקילת, sa sœur et sa femme ;

Dabel ou Zabélus, דבאל (75-104), associé d'abord à sa mère Seqailath, puis à sa femme Gemilath, גמלת.

(1) P. 8-38.
(2) T. XIV, p. 369-375.
(3) *Revue numismatique*, nouv. sér., p. 153-168.

Restent encore à trouver, pour intercaler entre celles d'Arétas Ier et d'Arétas II, les monnaies de :

Malchus II (50-28 avant J.-C.), contemporain et rival d'Hérode le Grand ;

Obodas (30-7 avant J.-C.), du temps duquel eut lieu l'expédition d'Ælius Gallus en Arabie.

On trouvera tout ce que les écrivains antiques nous ont laissé de témoignages sur ces princes dans les deux dissertations du duc de Luynes et de M. de Vogüé.

Les monnaies royales de Pétra, ainsi déterminées et classées, sont très-curieuses au point de vue de la paléographie. D'abord ce sont elles qui ont fait connaître pour la première fois avec certitude, dans les mots נבטו et כסף, la figure du ט et celle du ס, dont la première était douteuse jusqu'à la lecture de ces médailles et la seconde manquait absolument dans les proscynèmes du Sinaï. On ne l'a retrouvée que deux fois depuis dans des monuments épigraphiques. En même temps les légendes de ces monnaies offraient les premiers spécimens d'un état notablement plus ancien de l'alphabet dans lequel sont conçus les proscynèmes sinaïtiques. Toutes les lettres y sont encore détachées, ou du moins on ne commence à voir poindre quelques ligatures que dans les légendes des monnaies de Dabel, et quelques-uns des caractères, surtout le מ, devenu plus tard , ont une forme plus voisine du type araméen tertiaire ou palmyrénien que dans les monuments postérieurs. Il est, du reste, à remarquer que les deux types, ouvert et fermé, du מ coëxistèrent un certain temps, comme nous l'avons vu également dans les inscriptions auranitiques.

Nous avons emprunté aux monnaies des rois de Pétra une partie des éléments de notre planche XV ; dans la 2e colonne sont les lettres qui se rencontrent dans les légendes des pièces d'Arétas Philhellène, dans la 3e celles des légendes des médailles d'Arétas Philodème et de Malchus III ; enfin, dans la 5e nous avons placé les caractères relevés sur les monnaies de Dabel.

III.

Les monuments épigraphiques de l'écriture et de la langue des Nabatéens ne se bornent plus, du reste, aux proscynèmes du Sinaï. On possède maintenant un certain nombre d'inscriptions nabatéennes contemporaines des monnaies dont nous venons de parler. C'est toute une branche de l'épigraphie sémitique qui compte déjà des documents d'une haute importance et promet d'être un jour d'une grande richesse avec ce que fourniront encore les découvertes ultérieures.

Pour ce qui est de Pétra même, M. Blau (1) et M. Marsh (2) ont publié trois inscriptions funéraires copiées dans les ruines de cette ville et tracées en caractères nabatéens, inscriptions qui ont été étudiées par M. Hitzig (3) et définitivement interprétées par le docteur A. Levy (4), sauf une dont le vrai texte n'a été établi que par M. le comte de Vogüé (5), d'après la copie de M. le marquis Arconati. Le docteur Levy a aussi donné l'explication d'un proscynème offrant les mêmes formules que ceux du Sinaï et gravé sur un rocher à Kattara-Deir, tout auprès de Pétra.

L'antique Moabitide, réunie au domaine des rois des Nabatéens dans les siècles voisins de l'ère chrétienne, a fourni également un texte de la même écriture dans l'inscription d'Omm-er-roussas, incomplétement publiée par le *Palestine exploration fund* (6) et par le docteur Levy (7),

(1) *Zeitschr. der deutsch. Morgenl. Gesellsch.*, t. IX, p. 230 et suiv.
(2) *Ibid.*, t. XII, p. 708 et suiv.
(2) *Ibid.*, t. IX, p. 737 et suiv.
(4) *Ibid.*, t. XIV, p. 367-369.
(5) *Syrie centrale, Inscriptions sémitiques*, p. 90.
Une copie moins bonne en a été aussi donnée dans le *Quarterly statement of the Palestine exploration fund*, n° 1, pl. à la p. 53, avec une autre inscription, encore inédite, de la même tombe.
(6) *Quarterly statement*, n° 6.
(7) *Zeitschr. der deutsch. Morgenl. Gesellsch.*, t. XXV, p. 429-434.

mais dont la Commission du Recueil des inscriptions sémitiques à l'Institut de France possède un estampage complet (1).

Mais la région qui a jusqu'à présent fourni la moisson la plus riche et la plus précieuse en fait d'incriptions nabatéennes d'une date relativement ancienne est la partie méridionale du Haouran actuel, c'est-à-dire les environs de Bosra. Elle n'était pas comprise dans l'Auranitide proprement dite, qui, après avoir appartenu à Hérode le Grand, fit partie des domaines des deux rois Agrippa. Tant que dura l'empire des monarques nabatéens cette contrée fut soumise à leur sceptre, et ses habitants appartenaient à la même race que ceux de Pétra. C'est un fait que les explorations de MM. Waddington et de Vogüé ont mis en pleine lumière. Ces deux savants ont en effet rapporté du Haouran méridional les originaux, les estampages ou les copies de treize inscriptions nabatéennes, dont quelques-unes de la plus haute valeur pour l'histoire et la connaissance de la religion de cette contrée. Trois proviennent de Bosra même (2), trois de Salkhat (3), quatre de Omm-el-djemâl (4), une de Ayoun (5), une d'Ezrâ (6) et une de Sawet-el-Khidr (7). Il faut y joindre deux autres inscriptions de Bosra, publiées par le docteur Levy (8) d'après les copies de M. Wetzstein. De plus, dans l'Auranitide proprement dite elle-même, à Hébrân, MM. Waddington et de Vogüé ont découvert deux inscriptions nabatéennes (9), dont l'une, aujourd'hui conservée au Musée du Louvre (10), porte dans sa

(1) M. Renan a publié depuis le fac-similé complet de l'inscription d'Omm-er-rousssas, avec une excellente explication : *Journal asiatique*, 7e série, t. I, p. 313-319.

(2) De Vogüé, *Syrie centrale, Inscriptions sémitiques*, textes nabatéens, nos 3-5.
Le no 4 avait été publié antérieurement par M. de Vogüé (*Revue archéologique*, nouv. série, t. IX, p. 287, pl. XI, no 1) et le no 3 par le docteur Levy (*Zeitschr. der deutsch. Morgenl. Gesellsch.*, t. XXII, p. 261-270).

(3) De Vogüé, *Syrie centrale, Inscriptions sémitiques*, textes nabatéens, nos 6-8.

(4) *Ibid.*, nos 9, 10, 11 et 11 a.

(5) *Ibid.*, no 12.

(6) *Ibid.*, no 13.

(7) *Ibid.*, no 14.

(8) *Zeitschr. der deutsch. Morgenl. Gesellsch.*, t. XXII, p. 261-270. — Voy. de Vogüé, *Syrie centrale, Inscriptions sémitiques*, p. 105 et 106.

(9) De Vogüé, *Syrie centrale, Inscriptions sémitiques*, textes nabatéens, nos 1 et 2.

(10) Elle avait été déjà publiée par M. de Vogüé dans la *Revue archéologique*, nouvelle série, t. IX, p. 287, pl. XI, no 2.

date, marquée par une année de l'empereur Claude, l'empreinte du régime, différent de celui du royaume de Nabatène, sous lequel vivait cette province.

A tous ces monuments est venue se joindre l'inscription bilingue de la collection Parent, publiée par M. de Saulcy (1) et M. de Vogüé (2). Elle a été rapportée de Saïda, mais j'ai peine à la croire réellement trouvée dans cette localité; elle doit plutôt provenir de l'intérieur. Ce fragment grec et nabatéen, qui contient une dédicace faite par un personnage portant le titre de stratége, ΣΤΡΑΤΗΓΟΣ dans le texte grec, אסרתגא dans le nabatéen, porte la date de l'an 32 d'un roi Arétas, חרתת, qui est évidemment le Philhellène; c'est donc la plus ancienne des inscriptions nabatéennes jusqu'à présent connues, ce que confirme son type d'écriture relativement archaïque et avant tout remarquable par l'emploi d'un grand א final d'une forme toute particulière, dont on ne voit plus de traces par la suite.

Une dernière inscription nabatéenne, découverte à Pouzzoles comme on a découvert des inscriptions palmyréniennes à Rome et en Algérie, a été publiée par le docteur A. Levy (3), qui a aussi fait connaître (4) une gemme du cabinet de Copenhague (5), portant, avec une légende dans la même écriture, la représentation d'un dieu à cheval, la tête radiée, armé d'une lance avec laquelle il frappe un serpent (6).

Des monuments que nous venons d'énumérer cinq sont datés :

L'inscription de Saïda de l'an 32 d'Arétas Ier, 60 av. J.-C. ;

Le n° 4 de M. de Vogüé (Bosra) de l'an 11 de Malchus II, 38 avant J.-C.;

Le n° 1 (Hébrân) de l'an 7 de l'empereur Claude, שנת שבע לקלדיס קיסר, 47 apr. J.-C. ;

(1) *Bulletin archéologique du Musée Parent*, p. 11.

(2) *Syrie centrale, Inscriptions sémitiques*, textes nabatéens, n° 7a.

(3) *Zeitschr. der Deutsch. Morgenl. Gesellsch.*, t. XXIII, p. 150 et suiv. — Voy. Renan, *Journal asiatique*, 7e série, t. I, p. 319-323.

On a signalé depuis une seconde inscription nabatéenne trouvée à Pouzzoles : Renan, *Journal asiatique*, 7e série, t. I, p. 323. Elle est encore inédite.

(4) *Siegel und Gemmen*, pl. III, n° a.

(5) Mordtmann, *Zeitschr. der deutsch. Morgenl. Gesellsch.*, t. XVIII, pl. VI, n° 12.

(6) Voy. ce que j'ai dit de cette représentation dans mes *Lettres assyriologiques*, t. II, p. 264.

Le n° 6 (Salkhat) de l'an 17 d'Arétas II, 57 apr. J.-C.;

Enfin le n° 7 (Salkhat) de l'an 25 de Dabel.

Ces dates, on le voit, s'échelonnent dans la même période de deux siècles que celles des monnaies et nous font suivre, parallèlement aux documents numismatiques, les vicissitudes de l'écriture nabatéenne appliquée aux inscriptions monumentales pendant cette époque. Nous faisons figurer à leur date dans la planche XV toutes les formes de caractères fournies par les inscriptions, ainsi rattachées à des années précises, qui constituent les jalons de l'histoire paléographique de cet alphabet. Seulement, pour ne pas donner trop de développement à notre tableau, nous avons réuni dans la deuxième division de la troisième colonne les éléments, fort peu différents les uns des autres, que nous avons extraits des n°s 4, 1 et 6 de M. de Vogüé, et nous en avons complété la série alphabétique par le ג emprunté à d'autres inscriptions, qui, bien que ne portant pas de dates, sont évidemment de la même époque.

IV.

A l'aide des monuments que nous venons de passer en revue, il est facile de reconstituer les vicissitudes successives de l'alphabet nabatéen pendant les six siècles où l'on peut constater son existence. C'est ce que nous avons tenté dans le tableau de la planche XV.

Pour rechercher l'origine d'une écriture par une méthode vraiment scientifique, la première condition est de prendre, comme point de départ et comme base des recherches, la plus ancienne forme que l'on connaisse de cette écriture. C'est là un principe fondamental et bien élémentaire, mais qui n'a été que trop souvent négligé des savants qui se sont occupés de recherches analogues aux nôtres. Pour nous, nous tenons à y rester fidèle, et c'est ce principe, constamment mis par nous en pratique jusqu'à présent, que nous appliquons encore à l'étude de l'origine de l'alphabet nabatéen.

Cette origine, du reste, ne saurait être douteuse. Le nabatéen sort de l'auranitique étudié par nous dans le chapitre précédent; il suffit, pour s'en convaincre, de comparer l'un à l'autre les deux alphabets donnés dans nos planches XIV et XV. Même, ainsi que nous l'avons déjà dit en terminant le chapitre précédent, il n'y a pas de différence essentielle entre les deux quand on prend le nabatéen dans ses plus anciens monuments, et on pourrait — il serait même peut-être plus exact de le faire — réunir l'auranitique et le nabatéen sous la même désignation pour tracer, d'après leurs monuments datés, les lignes essentielles du tableau des phases successives du développement et de la dégénérescence d'une même écriture. Il y a en effet identité presque absolue entre le type auranitique des inscriptions de Siah du temps d'Hérode le Grand et le type nabatéen de l'inscription, exactement contemporaine, de Bosra datée de l'an 11 de Malchus II. Mais des différences plus sensibles et donnant déjà au nabatéen une certaine physionomie d'individualité locale se remarquent si l'on compare ensemble entre eux les monuments du commencement du premier siècle avant l'ère chrétienne, d'un côté l'inscription de Soueideh, de l'autre l'inscription de Saïda et les médailles d'Arétas Philhellène.

L'inscription de Saïda nous offre à la fois pour le א une forme initiale et médiale plus altérée et plus éloignée du prototype que la forme auranitique contemporaine, et même que la forme un peu postérieure qui reparaît ensuite en nabatéen dans l'inscription de Bosra datée du règne de Malchus (n° 4 de M. de Vogüé), puis une forme finale très-particulière, qui a déjà disparu dans le premier siècle de l'ère chrétienne et qui dérive directement du prototype araméen tertiaire sans avoir passé par aucun des autres intermédiaires. Au reste, le nabatéen a longtemps affectionné les formes spéciales pour la fin des mots; pendant tout le cours du premier siècle apr. J.-C. inscriptions et monnaies nous offrent des figures différentes pour le כ et pour le ל comme initiale et comme finale.

L'inscription de Saïda nous offre encore pour le ה un type plus antique, plus voisin de la source que celui de l'inscription auranitique de Soueideh. Mais en même temps le ר et le ש sont plus altérés; ils ont déjà les figures qui ne se montrent parmi les monuments auranitiques que dans les inscriptions de Siah. Quant au מ, les monnaies d'Arétas Philhellène le donnent alternativement, ouvert presque palmyrénien, et avec le type fermé des inscriptions de Siah, notablement différent d'une autre forme fermée d'époque postérieure, constante dans les proscynèmes du Sinaï et apparaissant pour la première fois dans l'inscription de Hébrân, de l'an 7 de l'empereur Claude.

Tout ceci semble indiquer que si l'alphabet nabatéen n'est en réalité à son origine qu'une variété provinciale de l'alphabet auquel nous avons donné provisoirement le nom d'auranitique, à cause de la provenance de ses monuments jusqu'à présent connus, cette variété avait déjà dans une certaine mesure une existence propre au commencement du premier siècle avant notre ère. Comme tout dérivé secondaire, elle offrait pour certains caractères des formes déjà plus altérées que celles qui se maintenaient encore au même moment dans le Haouran proprement dit. Pour quelques autres, le nabatéen gardait des formes un peu plus anciennes, qu'il devait bientôt abandonner, et surtout pour un certain nombre de lettres il admettait simultanément le type archaïque et le type plus dégénéré entre lesquels il semble que les écrivains pouvaient encore faire choix.

Quant aux modifications propres du nabatéen dans le cours de son existence, qui conduisent du caractère de l'inscription de Saïda à celui des proscynèmes du Sinaï, on peut les suivre siècle par siècle dans notre planche XV. Nous n'avons pas, du reste, grand' chose à en dire, car elles ne sont que le résultat du développement toujours plus marqué des deux tendances que nous avons déjà signalées dans l'auranitique en comparant l'écriture des inscriptions de Soueideh et de Siah : la tendance à réduire et à simplifier le tracé des caractères, qui conduit le ר à perdre toute trace de sa tête, comme déjà le ב et le ד dans l'auranitique, puis la tendance à boucler certaines parties des lettres, comme on le voit pour le פ et le ח. La forme qui prévaut définitivement pour le א et qui se montre déjà dans l'inscription de Saïda est une abréviation de celle du א auranitique; mais elle n'arrive jamais à se réduire à un simple rond, comme dans l'alphabet sabien.

V.

Une des particularités qui donnent à l'étude de l'écriture nabatéenne un intérêt exceptionnel dans les recherches sur l'histoire paléographique des alphabets de la famille araméenne, est celle-ci, que les monuments de cette écriture nous offrent les degrés successifs depuis l'état d'isolement de toutes les lettres jusqu'à l'état complet de liaison.

Les médailles des rois de Pétra, qui constituent, comme nous l'avons fait voir, les plus antiques monuments connus de l'alphabet nabatéen, ont jusqu'assez tard toutes les lettres détachées dans leurs légendes. De même, parmi les inscriptions, celles que l'on doit considérer comme remontant le plus haut, ont toutes les lettres détachées. Tel est le cas de l'inscription de Saïda. On trouve même cette particularité dans quelques-uns des textes sinaïtiques ; exemple :

דכיר חביבו בר אבן-אל-קינו לטב (1)

Mais les proscynèmes de ce genre sont fort rares au Sinaï. D'autres, plus nombreux, un peu postérieurs ou contemporains, présentent encore dans les noms propres toutes les lettres détachées, mais les mots qui constituent les formules et qui se répètent mille fois dans les inscriptions de ce genre forment déjà des ligatures ; ainsi שלם se trace :

דכיר, que nous avons expliqué plus haut,

La même particularité est presque constante pour le mot בר, « fils ».

(1) Grey, nº 139 b. — Beer, nº 76.

Voici un exemple d'inscription de ce genre :

שלם זידו בר עמיו לטב (1)

En même temps que l'on commence à rencontrer la liaison des divers éléments qui composent ces mots fréquemment obvies, on remarque dans les noms propres et dans les mots moins habituels des ligatures partielles, analogues à celles que nous avons signalées dans les inscriptions de Palmyre.

Toutes les lettres composées, comme élément principal, d'une haste droite, tendant à s'infléchir légèrement par en bas vers la gauche, ב, ק, ר, ש, ou bien décidément recourbées dans cette direction : נ, ח, י, כ, ל, ת, peuvent se lier par la base à la lettre suivante. La même faculté de liaison existe pour le מ, mais alors il reste ouvert sur le côté gauche et ne se ferme pas.

Toutes les lettres que nous venons d'énumérer peuvent également figurer comme second élément dans une ligature. Il en est aussi quelques autres auxquelles cette place est constamment dévolue, qui se rattachent au signe précédent et jamais au suivant, ce sont : ד, ו, ה. Quelques-unes enfin, comme א, ז, ט, ne figurent jamais dans ces premières ligatures et demeurent constamment isolées.

Le ligatures de ce genre comprennent le plus souvent deux ou trois lettres. Quelquefois elles s'étendent à un mot entier, comme dans ce proscynème du Sinaï :

שלם אושו בר כלבו לטב (2)

Nous commençons dès le premier siècle de l'ère chrétienne à rencontrer dans les inscriptions des exemples de ligatures embrassant ainsi

(1) Grey, nº 45. — Beer, nº 2.
(2) Grey, nº 97. — Beer, nº 1.

plusieurs lettres à la fois et même un mot entier. A cette époque des monuments évidemment contemporains, comme les n°s 3 et 6 de M. de Vogüé, par exemple, nous offrent, l'un toutes les lettres détachées, l'autre déjà des ligatures très-multipliées. Il y a déjà des mots entièrement liés dans l'inscription de Bosra de l'an 11 de Malchus II (Vogüé, n° 4), et le nom du roi y est écrit 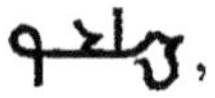, tandis que, près de quatre-vingts ans plus tard, Malchus III écrit encore le sien sur les monnaies avec toutes les lettres détachées : . Il est vrai que l'inscription n° 6 de M. de Vogüé, datée de ce dernier prince, a les lettres en grande partie liées. En général, les ligatures étaient employées dans les monuments épigraphiques bien avant d'être admises dans les légendes monétaires, où elles ne s'établissent définitivement que sous Dabel. Le fait de la liaison des lettres, s'il est apparu de bonne heure, n'a donc triomphé définitivement et n'est passé à l'état de règle générale qu'au bout d'un certain temps, et il y a une période de transition, où l'on avait la faculté d'employer également les deux systèmes.

Nous arrivons enfin aux inscriptions entièrement liées; elles sont assez nombreuses, et doivent être les plus récentes. Elles peuvent se subdiviser, elles aussi, en deux classes successives. D'abord, celles où toutes les lettres d'un même mot, sauf א, sont réunies, mais où les mots sont coupés. Puis celles où toutes les lettres d'une même phrase sont liées sans distinction de mots. L'exemple que nous en citons a été plusieurs fois reproduit :

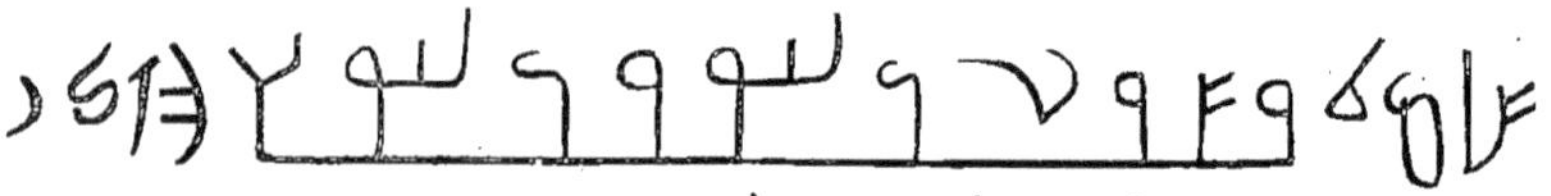

שלם אושו בר כלבו וכלבו ברה לטב (1)

On remarquera la répugnance du א à entrer dans une ligature. On l'y trouve cependant quelquefois, témoin le proscynème suivant :

(1) Montague, n° 4. — Léon de Laborde. — Prudhoe, pl. I. — Grey, n° 56. — Beer, n°s 109-112. — Lottin de Laval, pl. XXV, n° 1. — Lepsius, pl. XX, n° 140. — F. Lenormant, *Journal asiatique*, 5e série, t. XIII, p. 53.

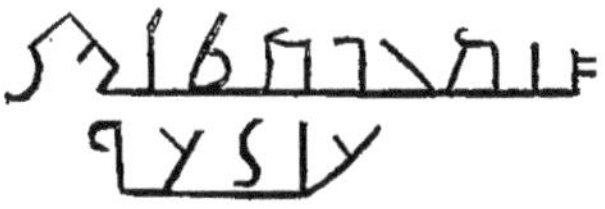

שלם גרם-אלהי בר זידו (1)

La marche dont nous venons d'esquisser les phases a dû être la même pour toutes les écritures qui ont passé de l'état détaché à l'état lié. Mais le nabatéen est la seule pour laquelle nous puissions suivre ainsi tous les degrés de développement de cette tendance. Et c'est pour cela que nous avons cru devoir lui consacrer sous ce rapport un examen attentif et étendu.

VI.

Une curieuse variété d'alphabet, étroitement apparentée au nabatéen, mais tenant aussi du sabien, et comme intermédiaire entre les deux, nous est révélée par une monnaie de bronze dont la provenance exacte n'est malheureusement pas connue, et qui existe au cabinet des médailles de la Bibliothèque nationale depuis plus d'un siècle. Bien que décrite dans le grand ouvrage de Mionnet (2), cette pièce n'a jamais été figurée, et les savants qui de nos jours ont si heureusement élucidé les principaux problèmes de la numismatique orientale antique ne s'en sont pas occupés. Je l'ai fait graver sous le n° 7 de la planche XII. Du premier coup d'œil on reconnaîtra que la légende qui occupe le champ du revers appartient à un type particulier d'écriture, dont je crois avoir tout à l'heure exactement défini la nature, et qui, si l'on en possédait un plus grand nombre de monuments, aurait mérité de devenir le sujet d'un chapitre spécial dans notre ouvrage.

Cette monnaie nous offre au droit une tête royale barbue et coiffée de la tiare, tournée à droite, au milieu d'une couronne de feuillage;

(1) Grey, n° 58. — Beer, n° 44.
(2) *Descr. de méd. ant.*, t. V, p. 688, n° 177.

le revers est rempli par une légende en trois lignes, au milieu de la même couronne de feuillage :

Le style et la fabrique rappelle les dernières monnaies characéniennes, gravées dans la même planche et étudiées dans le § IV de notre IXe chapitre, bien qu'encore plus rude et plus barbare. Il est évident que la pièce doit être du même âge, contemporaine de la fin de l'empire des Arsacides ou du commencement de celui des Sassanides.

Il me semble que l'on doit lire les deux premières lignes de la légende :

קלבא
מליכ

ק, ל (toujours bien nettement caractérisé par sa dimension plus longue que celle des autres lettres dont le tracé s'en approche), ב, sont exactement conformes au type nabatéen ; א, מ, י, sont au contraire sabiens ; quant au כ, il offre une figure propre, mais qui se rapproche encore assez de certaines formes données par les dernières monnaies de la Characène. Au point de vue philologique, cette légende paraît offrir un caractère mixte, analogue à celui de la paléographie. Le nom propre royal, קלבא, est évidemment d'origine arabe, قُلُّب, *purus origine vir*, d'après l'interprétation du Qamoûs, mais il a revêtu la terminaison emphatique araméenne ; quant au titre de « roi », il faut le reconnaître dans le mot מליך, malgré l'introduction bizarre d'un י, qui rappelle les tendances de l'orthographe mendaïte.

Tout ceci s'accorde fort bien avec le style et la fabrique de la monnaie, avec les indices proprement numismatiques, pour la faire attribuer au chef de quelqu'une des tribus arabes qui habitaient au troisième siècle de notre ère le voisinage du bas Euphrate, et subissaient dans une certaine mesure l'influence des Araméens de la Characène. Quelle que fût, chose encore fort obscure, l'origine du phylarque arabe auxiliaire des Perses dans la guerre contre Julien, qu'Ammien Marcellin (1) appelle *Malechus Podosaces*, il n'en résulte pas moins du témoignage de l'historien latin que les chefs de tribus arabes vassaux des Sassanides portaient le titre de ملك, comme sur notre monnaie.

L'interprétation de la troisième ligne de la légende est beaucoup plus difficile, bien qu'il n'y ait pas de doute possible sur la forme des signes. Ceux-ci n'ont pas l'aspect de lettres formant un mot, mais bien plutôt de chiffres exprimant une date, laquelle, dans la région à laquelle il faut attribuer la pièce et composée de trois chiffres, serait, suivant toutes les probabilités, de l'ère des Séleucides.

Au premier abord, il semble qu'on doive y reconnaître les chiffres encore en usage chez les Arabes orientaux, et lire ٨١٢, 812. Mais, outre que l'an 812 des Séleucides, 501 de Jésus-Christ, serait une date infinitivement trop tardive pour qu'on pût y attribuer la monnaie qui nous occupe, il est absolument impossible d'admettre que les chiffres vulgaires des Arabes orientaux aient été employés sur ce monument. En effet, cette forme des chiffres indiens n'a été apportée aux Arabes que sous le khalifat d'Almançoûr, en 773 de l'ère chrétienne (2), et, qui plus est, le tracé qui y est donné au 8, ٨, n'était pas usité beaucoup avant dans l'Inde même (3).

On pourrait penser avec plus de vraisemblance historique à l'emploi de l'autre type d'origine indienne, au type des chiffres *gobâr*, adopté dès l'époque de la conquête de l'Afrique et de l'Espagne par les Arabes occidentaux, qui l'ont fidèlement conservé. En effet, ces chiffres avaient été certainement apportés de l'Inde à Alexandrie vers le deuxième siècle de l'ère chrétienne (4), et adoptés par les Néopythagoriciens, à qui Boèce les a empruntés (5). La fortune de la notation ainsi introduite fut sans doute beaucoup plus rapide et plus grande

(1) XXIV, 2.
(2) Wœpcke, *Mémoire sur la propagation des chiffres indiens*, p. 57 et suiv.; 139 et suiv.
(3) Wœpcke, p. 150.
(4) Wœpcke, p. 119-126.
(5) Vincent, *Note sur l'origine de nos chiffres et sur l'abacus des Pythagoriciens*, dans le *Journal de mathématiques pures et appliquées* de Liouville, juin 1839; et *Revue archéologique*, t. II, p. 601-609. — Wœpcke, *Mémoire sur la propagation des chiffres indiens*, p. 10-29.

dans les pays latins de l'Occident que chez les Grecs (1); mais, s'il paraît probable que c'est aux scribes latins de l'Afrique et de l'Espagne que les Arabes du Maghreb prirent l'usage des chiffres *gobâr*, il ne semble guère douteux non plus que les signes numéraux indiens de la première importation aient été admis dans les premiers siècles de notre ère par certaines populations sémitiques qui les auront reçus, soit d'Alexandrie, soit aussi des pays de l'embouchure de l'Euphrate, lesquels entretenaient aussi un commerce habituel avec l'Inde; car une partie des noms donnés par Boèce à ces chiffres sont manifestement sémitiques. D'où leur emploi sur une monnaie frappée dans une des tribus arabes voisines de la Characène au troisième ou au quatrième siècle n'aurait rien d'invraisemblable.

Or, si nous comparons les signes de la troisième ligne de la légende de notre médaille aux *apices* de Boèce (2) et aux plus anciens types des chiffres *gobâr* relevés par M. Wœpcke, nous reconnaîtrons qu'ils peuvent se lire 712 ou 715. Ces chiffres, dans l'ère des Séleucides, donneraient deux dates, 401 et 404 ap. J.-C., bien tardives pour être acceptées comme époque d'émission de la pièce, mais qui cependant ne seraient pas absolument impossibles.

Enfin, on peut encore admettre, et c'est encore peut-être le plus vraisemblable, que nous avons là une simple altération des lettres numérales grecques employées à écrire les dates sur les monnaies de la Characène. Les Arabes de la tribu sur laquelle régnait קלבא les auraient empruntées comme le fit plus tard la chancellerie des premiers khalifes, qui s'en servait encore à Damas au commencement du huitième siècle (3). Si l'on supposait que, par une altération des formes de ces lettres numérales, ce qu'offre la médaille à la troisième ligne de la légende est pour AIΦ, avec l'A non barré et le Φ mal formé, on obtiendrait pour date 511 des Séleucides, 199 av. J.-C., époque à son tour peut-

(1) Voy. Th.-H. Martin, *Recherches nouvelles concernant les origines de notre système de numération écrite*, dans la *Revue archéologique*, t. XII.

(2) Voy. les différentes formes que leur donnent les manuscrits dans Cantor, *Zur Geschichte der Zahlzeichen*, au tome III de la *Zeitschrift für Mathematik und Physik*.

(3) Wœpcke, *Mémoire sur la propagation des chiffres indiens*, p. 56.

être bien élevée pour le style et la fabrique. On s'éloignerait moins de ce que porte la monnaie en conjecturant que Λ est pour X, et en lisant la date ΛIΓ comme une altération de XIΓ, 613 des Séleucides, 301 ap. J.-C., et numismatiquement cette date serait très-convenable.

Mais tout ceci n'est que des hypothèses bien douteuses, bien fragiles, auxquelles je n'ose pas m'arrêter, et entre lesquelles je ne sais même comment choisir, car aucune ne me paraît reposer sur des fondements suffisamment solides. Le seul point qui soit ici certain est l'emploi chez une partie des Arabes orientaux, voisins de l'Euphrate, vers le troisième siècle de l'ère chrétienne, d'alphabets mixtes, tenant à la fois du nabatéen et du sabien. C'est ce qu'établit la pièce conservée au Cabinet des médailles, et que j'ai fait graver. A ce titre elle m'a semblé un monument capital pour l'histoire de la paléographie sémitique, et, sans prétendre l'expliquer définitivement, j'ai tenu à appeler sur cette monnaie l'attention des savants, espérant qu'elle trouvera quelque jour un interprète plus habile et plus heureux que moi.

CHAPITRE XII.

LES ALPHABETS ARABES.

I.

L'écriture des Arabes post-islamiques présente deux variétés principales, auxquelles se rattachent toutes les autres variétés locales et moins importantes. Quoique les lettres y soient originairement en même nombre, et que beaucoup se ressemblent notablement dans ces deux sortes d'écritures, les différences de formes sont assez considérables pour que l'on puisse dire que ce sont deux alphabets distincts.

Le premier est celui dont les Arabes font encore usage habituellement dans leurs manuscrits ; ils l'appellent *neskhy* ou « écriture des copistes ». Le second est appelé par eux *koufy*, c'est-à-dire coufique, d'après la ville de Koufa, située dans l'Irâk, vers les bords de l'Euphrate, presque au même emplacement où avait autrefois existé Hîra. Depuis le quatorzième siècle de notre ère (septième de l'Hégire), cette écriture est presque complétement tombée en désuétude ; on la rencontre seulement dans les manuscrits anciens, depuis le deuxième jusqu'au septième siècle de l'Hégire, et dans les inscriptions de la même période.

Ces deux alphabets sont connus de tous ceux qui s'occupent des études orientales. Cependant nous croyons devoir les reproduire dans un tableau synoptique à la planche XVI, afin que le lecteur puisse les repasser encore et les avoir constamment sous les yeux en suivant les recherches auxquelles nous allons nous livrer au sujet de leur origine. Nous n'avons pas besoin de rappeler que, presque toutes les lettres d'un même mot se liant dans l'une comme dans l'autre écriture arabe, la plupart des lettres y possèdent trois formes, initiale, médiale et finale.

Nous n'avons compris dans le tableau de la planche XVI que les formes les plus régulières et véritablement typiques des caractères, laissant de côté les variétés purement calligraphiques que les scribes arabes ont inventées pour l'une et pour l'autre des deux écritures dont ils faisaient usage.

Les principales de ces variétés sont :

1° Pour le coufique :

L'écriture des inscriptions lapidaires, où les traits ont beaucoup plus de raideur que dans les manuscrits, et se terminent à leurs extrémités par une espèce de crochet;

L'écriture quadrangulaire, véritable caprice de calligraphie, employé surtout dans les décorations en mosaïque de quelques édifices de l'Égypte remontant aux premiers siècles de l'Hégire. Les monuments de ce caractère ont été d'abord l'objet d'un travail de Marcel dans le *Journal asiatique* (1), puis reproduits par l'abbé Lanci dans son *Trattato delle simboliche rappresentanze arabiche* (2);

Les écritures en formes de fleurs, à têtes humaines, et les autres caprices décoratifs dont l'abbé Lanci a, dans le même ouvrage, recueilli de nombreux exemples.

2° Pour le neskhy :

Le *djery* ou « écriture lancée », qui se distingue du neskhy ordinaire par l'omission constante et systématique de tous les points diacritiques, par l'enlacement des mots et l'altération des formes de quelques lettres;

Le *tsoulouts* ou « écriture triple », que l'on rencontre principalement dans les versets du Coran tracés sur les murs intérieurs des mosquées;

(1) 2e série, t. XII, p. 226 et suiv.
(2) Paris, 1845.

dans les inscriptions tumulaires de date récente et dans les frontispices des manuscrits ; ses caractères distinctifs sont les proportions quelquefois gigantesques des lettres et l'enlacement des mots l'un dans l'autre, bien plus prononcé que dans le *djery ;*

Le *tsoulouts djery*, variété du précédent, plus cursive et tracée d'une manière plus oblique ;

Le *yaqouty*, autre variété du *tsoulouts,* inventée par le fameux calligraphe Emin-eddin Abou-'ddor Yâqout, mort à Mossoul en 618 de l'Hégire (1240 de notre ère).

Le *rihany*, quatrième varieté du *tsoulouts*, inventée, comme son nom l'indique, par un calligraphe appelé Rihân.

L'étude de ces différentes formes d'écriture sortirait de notre sujet, et constituerait la matière d'un traité de paléographie arabe (1). Cependant, nous parlerons plus loin du karmatique et du maghreby, qui peuvent être considérés encore comme deux alphabets distincts.

Ce qui rentre seulement dans le cadre de la question posée par l'Académie est la recherche de l'origine des deux principaux alphabets arabes ainsi que de leur système de vocalisation, et l'examen rapide de la fortune de ces deux alphabets, qui, propagés par l'islamisme, ont conquis un immense domaine et initié beaucoup de peuples, qui auparavant en étaient privés, à la connaissance de l'écriture alphabétique d'origine phénicienne.

Ces questions, celle surtout de l'origine, sont encore, malgré les admirables travaux de plusieurs des plus puissants génies qui se soient occupés des études orientales, couvertes de grandes obscurités. L'examen en demandera de notre part un certain développement.

(1) Nous n'avons cité dans notre énumération que les différentes sortes d'écriture dont on possède des monuments. Les auteurs arabes en nomment encore bien d'autres, particulièrement Mohammed ebn-Ischaq, qui, dans son *Kitâb-al-fihrist,* énumère les différentes espèces de caractères qu'employaient les calligraphes de la chancellerie du khalife Al-Mamoun. *Kitâb-al-fihrist,* éd. Flügel, p. 8.

II.

Le défaut des traditions arabes est leur multiplicité, qui finit par engendrer des confusions et des contradictions quelquefois presque inextricables. Nous en avons un exemple frappant dans ce que rapportent les auteurs post-islamiques sur l'origine et les vicissitudes de l'écriture nationale de l'Arabie. Il nous faut, avant d'aller plus loin, passer en revue ces divers témoignages, afin de voir si nous n'y découvrirons pas quelque fil conducteur de nature à nous guider dans nos recherches. Cette partie de notre travail nous sera grandement facilitée par le beau mémoire dans lequel l'illustre de Sacy a recueilli, traduit et discuté tous les textes arabes relatifs à l'origine de l'écriture (1). Nous n'aurons absolument qu'à y puiser.

Citons d'abord ce que dit le célèbre bibliographe Hadji-Khalfa dans son Catalogue alphabétique des livres arabes, persans et turcs, au mot خط :

« On dit que l'écriture a été inventée primitivement par Adam, qui « traça des caractères sur de l'argile et la fit cuire ensuite, afin que « par ce moyen cette écriture se trouvât conservée après le déluge. « D'autres attribuent cela à Édris. On rapporte qu'Ibn-Abbas disait : « L'origine de l'écriture arabe remonte à trois personnes de la famille « de Baulan, l'une des branches de la famille de Taï, qui étaient venues « demeurer dans la ville d'Anbâr. De ces trois hommes, le premier, « Morâmir, inventa les formes des lettres; le second, nommé Aslam, « assigna une figure différente aux lettres, suivant qu'elles sont isolées « ou jointes à d'autres; enfin, le troisième, qui est Amir, inventa les

(1) *Mém. de l'Acad. des Inscr.*, t. L, p. 247-349, et p. 413-437. — Cf. Pococke, *Spec. hist. Arab.*, p. 161 et suiv. Gesenius, dans l'Encyclopédie d'Ersch et Gruber, art. *Arabische Schrift.* — Fresnel, *Journal asiatique,* 3e série, t. VI, p. 554 et suiv. — Caussin de Perceval, *Histoire des Arabes*, t. I, p. 291 et suiv.

« points diacritiques ; après cela, l'usage de l'écriture se répandit « (parmi les Arabes). »

« D'autres attribuent l'invention de l'écriture à six personnes de la « race de Tasm, qui se nommaient Aboudjad, Hawaz, Houti, Kala- « moun, Safas, Qorischat ; ces six personnages, ayant inventé l'écri- « ture, ajoutèrent à la fin de l'alphabet les lettres qui n'entraient pas « dans la composition de leurs propres noms. Suivant une autre tra- « dition, ces personnages étaient des rois de Madian.

« On lit dans le *Sirat* d'Ibn-Hischam (1) que Himyar, fils de Saba, « fut le premier qui fit usage de l'écriture arabe.

« Sohaili, dans le livre intitulé التعريف والاعلام, dit : « Ce qu'il y a de « plus vrai par rapport à ceci, c'est ce que nous apprenons par cette « parole du Prophète : *Le premier qui a écrit en arabe, c'est Ismaël;* « tradition dont l'authenticité est fondée sur l'autorité d'Ibn-Abdel- « barr. »

. . . .

« Ibn-Ischaq dit : « Le plus ancien caractère arabe est celui de la « Mecque ; ensuite vient celui de Médine, puis celui de Basra, puis « celui de Koufa. Dans le caractère de la Mecque et de Médine, les « *élifs* sont fortement inclinés vers le côté droit de la main, et la figure « des lettres est un peu couchée (2). »

La citation textuelle que Hadji-Khalfa fait des paroles de Mohammed-ebn-Ischaq dans son *Kitâb-al-fihrist* nous dispense de rapporter d'une autre façon le passage de cet écrivain. Ceux qui voudront le vérifier le trouveront au folio 6, verso, du manuscrit arabe nº 874 à la Bibliothèque nationale (3).

Ce que disent des premières formes de l'écriture arabe les deux célèbres bibliographes musulmans que nous venons de citer est confirmé

(1) Ce passage ne se retrouve pas dans l'édition imprimée, et de Sacy l'avait aussi vainement cherché dans plusieurs manuscrits.

(2) Hadji-Khalfa, t. III, p. 145. — Le texte de ce passage avait été déjà donné en entier par de Sacy, *Mém. de l'Acad. des Inscr.*, t. L, p. 413 et suiv.

(3) On remarquera dans le manuscrit que l'auteur citait quelques phrases insignifiantes comme exemple du caractère mecquois, et que le copiste y a substitué purement et simplement du neskhy ordinaire. Ce passage est à la page 6 de l'édition de M. Fluegel.

et complété, mais avec l'adjonction d'assez graves erreurs, par un manuscrit de la Bibliothèque impériale de Vienne, signalé par Adler (1) et composé à la fin du siècle dernier par un Arabe du Caire nommé Mohammed-el-Fatoun, fils de Mohammed-Aden. Cet Arabe était un homme très-instruit pour ce que sont d'ordinaire ses compatriotes. Consulté par Legrand, interprète du roi de France pour les langues orientales, dans un voyage que celui-ci faisait en Égypte, au sujet de la signification des grandes inscriptions décoratives des mosquées du Caire, il rédigea d'après ses lectures une compilation assez développée sur l'histoire paléographique de l'écriture arabe, compilation à laquelle il donne le titre de كشف اسرار الخفية فى نيان قواعد الاقلام الكوفية *Explication des secrets cachés, contenant l'exposition des principes des écritures coufiques.*

Acheté par M. de Schwachheim avec les autres manuscrits de Legrand, le volume de Mohammed-el-Fatoun entra dans les collections autrichiennes par un legs de son propriétaire, avec un très-grand nombre d'ouvrages précieux. Malheureusement il n'y resta pas longtemps. Volé ou perdu, il avait déjà disparu en 1780, lorsqu'Adler visita la bibliothèque de Vienne, et le savant danois ne put en consulter qu'un extrait, tout ce qu'il y a de plus succinct, lequel fait vivement regretter la perte de l'ouvrage original.

Voici dans cet extrait ce qui se rapporte à la question qui nous occupe :

« Le premier chapitre a pour objet le caractère coufique nommé « *soury* ou *ismaëly*, parce que, suivant l'auteur, il a été inventé par « Ismaël, fils d'Abraham. Les tribus arabes de Tasm, Kahtan et Himyar, « se servaient de ce caractère, qui dérivait de l'écriture syriaque et y « ressemblait beaucoup.

« Le deuxième chapitre traite du caractère nommé *qamary* ou « *mekky*, inventé par Haytem, poëte et prêtre de la tribu de Qomra ; « il était en usage parmi les Arabes des tribus de Qoreïsch, Abs, Dja-

(1) *Biblischkrit. Reise nach Rom*, p. 14. — Voy. de Sacy, *Mém. de l'Acad. des Inscr.*, t. L, p. 265.

« ber, Djebaliyeh et Hodheïbiyeh. Les sept poëmes fameux, nommés « *les poëmes dorés* (les Moâllaqât), étaient écrits dans ce caractère.

« La troisième écriture coufique est nommée *médény*, parce qu'elle « était en usage à Médine; elle était composée des caractères *soury* et « *mekky*. On sait, par une tradition purement orale, que le caractère « *médény* avait été introduit par Ali, fils d'Abou-Taleb, et c'est de « celui-là que sont dérivées toutes les sortes d'écritures arabes plus « modernes (1). »

Il est facile de distinguer ce qui est exact et précieux dans ce témoignage de la part d'erreur qui s'y trouve mêlée. Cette dernière part consiste : 1° dans la confusion établie par Mohammed-el-Fatoun, entre le premier caractère arabe appelé *soury*, c'est-à-dire syrien, avec l'himyaritique, lequel est parfaitement indépendant, appartient à une autre famille et n'a jamais eu aucun rapport de parenté avec les différentes écritures usitées chez les Arabes Ismaélites ; 2° dans le nom de *coufique* donné aux caractères mecquois et médinois. Sans préjuger auquel des deux types que nous avons rapportés plus haut se rattachaient ces espèces d'écriture, il est évident que l'on ne saurait, sans un anachronisme ridicule, les appeler *coufiques*. Le mecquois était, en effet, en usage déjà quelque temps avant Mahomet, d'après le témoignage même de l'auteur du manuscrit, et la ville de Koufa n'a été fondée qu'en l'an 17 de l'Hégire, sous le khalifat d'Omar (2).

Continuons notre revue des écrivains arabes et voyons maintenant ce que dit Ibn-Khallikân dans la vie d'Ibn-el-Bawwab (3) :

« Le premier qui ait fait usage de l'écriture arabe est Ismaël. Mais, « ce qui passe pour constant parmi les savants, c'est qu'elle doit son « origine primitive à Morâmir, fils de Marwa, ou, comme d'autres le « disent, fils de Morra, qui était de la ville d'Anbâr. C'est d'Anbâr que « cette écriture s'est propagée parmi les hommes. Asmaï dit : « On rap-

(1) Adler, *Biblischkrit. Reise*, p. 15 et suiv.

(2) Aboulféda, *Annal. Moslem.*, t. I, p. 239.

(3) Pococke, *Spec. hist. Arab.*, p. 153; *Orat. carmini Tograï praemiss.*, p. 14. — Adler, *Descr. cod. quorumd. cufic.*, p. 11. — Assemani, *Saggio sull' origine*, etc. p. LXIV. — De Sacy, *Mém. de l'Acad. des Inscr.*, t. L, p. 299.

« porte que les Qoreïschites ayant été interrogés d'où leur était venue
« l'écriture, répondirent que c'était de Hîra. On fit la même question
« aux habitants de Hîra, qui répondirent qu'ils l'avaient reçue d'Anbâr.
« Ibn-Kalbi et Haythem, fils d'Adi, rapportent que l'écriture fut portée
« de Hîra dans le Hedjâz par Harb, fils d'Omeyya, fils d'Abd-Schams,
« fils d'Abd-Manâf, Qoreïschite de la branche d'Omeyya. Harb avait
« fait un voyage à Hîra; étant revenu à la Mecque, il y rapporta cette
« écriture. Ces mêmes auteurs ajoutent : On demanda à Abou-Sofyân,
« fils de Harb : De qui votre père a-t-il reçu cette écriture? — C'est,
« répondit-il, d'Aslam, fils de Sedra; et j'ai demandé à Aslam de qui il
« l'avait apprise; il m'a répondu qu'il l'avait apprise de celui même
« qui en était l'inventeur, Morâmir, fils de Morra. Cette écriture n'est
« que de peu de temps antérieure à l'islamisme (1). »

Il est encore question de Morâmir dans le *Qamoûs*, dont l'auteur le traite d'« inventeur premier de l'écriture arabe (2) », et dans le *Sihah* de Djewhary, où nous lisons :

« Morâmir est le nom d'un homme. Scharqy, fils de Qotham, dit que
« les premiers qui écrivirent notre écriture furent des hommes de la
« tribu de Taï, du nombre desquels était Morâmir, fils de Marwa. Un
« poëte a dit :

« *J'ai appris l'*ABOUDJAD *et toute la famille de Morâmir; j'ai noirci*
« *[d'encre] mes vêtements, et je ne suis pas néanmoins devenu un*
« *écrivain.*

« Le poëte dit *la famille de Morâmir*, parce que Morâmir avait donné
« pour nom à chacun de ses enfants, qui étaient au nombre de huit,
« des noms qui forment l'alphabet ا ب ج د (3). »

On trouve encore dans le *Kitâb al-maârif* d'Ibn-Qoteyba (4) :

« Asmaï disait : « Le premier qui ait écrit en arabe est Morâmir, fils
« de Marwa, qui était habitant d'Anbâr; c'est d'Anbâr que cette écri-

(1) Ibn-Khallikân, éd. de Slane, p. 480 du texte, t. II, p. 284 de la traduction.

(2) De Sacy, *Mém. de l'Acad. des Inscr.* t. L, p. 301.

(3) *Ibid.*

(4) P. 274. — Reiske, dans le *Repertor. für Bibl. und morgenl. Literatur* de Eichhorn, t. IX, p. 239 et suiv. — De Sacy, *Mém. de l'Acad. des Inscr.* t. L, p. 302.

« ture s'est propagée parmi les hommes. » — Asmaï disait encore : « On « demanda aux Qoreïschites d'où ils avaient reçu l'écriture; ils répon- « dirent que c'était des habitants de Hîra; on fit la même demande à « ceux de Hîra, et ils dirent qu'ils la tenaient des habitants d'Anbâr. » « — D'autres rapportaient que c'était Bischr, fils d'Abd-el-Melik Ebady, « qui l'avait enseignée à Abou-Sofiân, fils d'Omeyya, et à Abou-Qays, « fils d'Abd-Manâf, fils de Zohra, et que ceux-ci l'enseignèrent au plus « grand nombre des habitants de la Mecque. »

Ibn-Doureyd tient environ le même langage dans son dictionnaire (1); seulement il écrit par erreur Anbâr au lieu de la Mecque, en parlant de la ville dont les habitants durent la connaissance de l'écriture à Bischr.

Citons encore ce qui se lit dans son commentaire sur le poëme *Aqila* (2) :

« Selon une tradition qui remonte à Schabi, celui-ci disait : « Nous « demandâmes un jour aux Mecquois compagnons de la fuite du Pro- « phète d'où ils avaient reçu l'usage de l'écriture; ils nous répondirent : « d'Anbâr. »

« Suivant une autre tradition, Okaydir Dauma, dont le vrai nom est « Akdar, fils d'Abd-el-Melik Kindy, avait un frère nommé Bischr, fils « d'Abd-el-Melik. Ce fut à ce Bischr que les habitants d'Anbâr ensei- « gnèrent l'écriture dont nous nous servons. Bischr, étant venu à la « Mecque, y épousa Sahbâ, fille de Harb, fils d'Omeyya...... Ayant « donc épousé Sahbâ, fille de Harb, il enseigna cette écriture à Abou- « Sofyân, fils de Harb. Omar, fils de Khattâb, et les Qoreïschites qui « demeuraient avec lui à la Mecque, l'apprirent aussi de Harb, fils « d'Omeyya. Moawia l'avait apprise de son oncle paternel, Sofyân, fils « de Harb. »

Soyouty, dans le *Mezhar*, rapportait la même tradition presque dans les mêmes termes. En même temps il citait un autre récit, qui, bien

(1) P. 223. — Reiske, dans le *Repertor. für Bibl. und morgenl. Literatur* de Eichhorn, t. IX, p. 239 et suiv. — De Sacy, *Mém. de l'Acad. des Inscr.*, t. L, p. 302.

(2) MS. arabe de Paris, fonds Saint-Germain, n° 282, folio 4, recto. — De Sacy, *op. laud.*, p. 303.

qu'identique à celui-ci dans les points essentiels, en diffère quelque peu par certains détails (1) :

« Le premier des Arabes qui ait écrit en arabe est Harb, fils d'O-« meyya. On dit un jour à Ibn-Abbas : O société de Qoreïsch, d'où avez-« vous reçu cette écriture arabe avant la mission prophétique de Ma-« homet, et d'où avez-vous appris à réunir les lettres que vous réunissez « et à séparer celles que vous séparez, comme l'*élif* et le *lam*? — Il « répondit : Nous l'avons reçue de Harb, fils d'Omeyya. — Et d'où, « reprit-on, l'avait reçue Harb? — Il répondit : D'Abd-Allah, fils de « Djadhân. — On demanda encore d'où l'avait reçue Abd-Allah. — « Il dit : D'un étranger qui était venu du Yémen s'établir parmi eux, « et qui était fils de Kinda. — On demanda derechef d'où cet étranger « la tenait, et il répondit : D'El-Hathan, fils de celui qui écrivait les « révélations de Houd le prophète. »

Enfin le souvenir de Bischr, celui qui introduisit l'écriture à la Mecque, est encore conservé par une pièce de poésie de date assez ancienne, écrite par un Kindien, et dont l'existence a été révélée par Fresnel (2) :

« Ne méconnaissez pas le service que vous a rendu Bischr; car il fut « pour vous un bon conseiller, un génie lumineux;

« Ce fut lui qui vous apporta le caractère *djazm*, à l'aide duquel « vous pouvez retenir ce qui était confusément éparpillé,

« Constater ce qui était perdu dans le vague, ressaisir ce qui vous « échappait et vous en assurer la possession.

« Depuis lors vous faites aller et venir les calames, et vous avez des « écrits dignes d'être opposés à ceux de Chosroès et de César (3);

« Et vous pouvez vous passer du mousnad de Himyar et de ce que « les calames himyarites alignaient sur des feuillets. »

(1) De Sacy, *Ibid.*, p. 304. — Extrait du chapitre 6 d'une compilation égyptienne, de date assez moderne, intitulée : كتاب الاويل والاواخر.

(2) *Journal asiatique*, 3e série, t. VI, p. 558.

(3) C'est-à-dire des Persans et des Grecs.

III.

Malgré les nombreuses contradictions contenues dans les témoignages que nous venons d'énumérer, malgré les données évidemment fabuleuses telles que celle de l'invention de l'écriture arabe par Ismaël ou celle des six Tasmiens, Aboudjad, Houti, Kalamoun, Safas et Qorischat, on peut facilement retrouver dans les récits des auteurs arabes la trace d'une tradition assez constante, et qui offre tous les caractères de la vraisemblance historique.

D'après cette tradition, la plus ancienne écriture usitée chez les Arabes Ismaélites, et dont ces peuples eussent conservé le souvenir, était le *soury* ou syrien, connu des habitants de l'Irâk, à Anbâr et à Hîra, longtemps avant que la notion n'en eût pénétré dans le Hedjâz. Sur le mode et l'époque de l'invention de cette écriture, ainsi que de son adoption par les peuples de l'Irâk, la tradition ne dit rien. Elle lui donne seulement pour auteur un nommé Morâmir, fils de Marwa, qui paraît jouer ici le même rôle que Cadmus et Palamède dans les souvenirs des Grecs, qu'Esdras dans les traditions des docteurs juifs relatives à l'origine de l'écriture carrée. Contrairement à ce qui arrive pour les autres personnages dont les mêmes récits font mention plus tard, on ne sait rien de l'existence historique de ce Morâmir, que l'on fait résider tantôt à Anbâr et tantôt à Hîra. Tout ce qu'on peut en dire, c'est que son nom de مرامر paraît recéler l'appellation syriaque ܡܪܐ ܐܡܪ, composée du nom propre *Amer* et du titre ܡܪܐ, que portent tous les prêtres syriens (1).

En revanche, la tradition est très-positive et très-circonstanciée sur l'époque où l'écriture appelée *soury* passa de l'Irâk dans le Hedjâz,

(1) Michaëlis, *Neue Orient. und Exeget. Biblioth.*, t. I, p. 40. — De Murr, *Journal zur Kunstgesch.*, t. XV, p. 311. — Renan, *Histoire des langues sémitiques*, 1re édition, p. 329.

chez les Qoreïschites, qui paraissent avoir été les premiers à s'en servir parmi les tribus de cette contrée. Ce fut Harb, fils d'Omeyya, qui fut l'initiateur de ses compatriotes dans l'art d'écrire, dont il avait appris les éléments à Hîra. De Sacy (1) a fixé la date de cet événement, qui eut une immense influence sur la culture intellectuelle et les destinées de l'Arabie, vers l'an 560 de notre ère. On arrive à ce résultat de deux manières, qui l'une et l'autre concordent. D'abord en examinant les données chronologiques de la généalogie de Mahomet et en déterminant d'après ces données l'époque où dut vivre Harb, dont le père, Omeyya, était cousin germain d'Abd-el-Mottalib, aïeul de Mahomet, et qui par conséquent lui-même se trouvait cousin issu de germain d'Abd-Allah, père du Prophète. Ensuite, en fixant par un autre moyen la date de la naissance de Harb. Son fils, Abou-Sofyân, mourut en l'an 31 ou 32 de l'Hégire (651 ou 652 de Jésus-Christ), âgé de quatre-vingt-dix ans d'après le *Schadharât-ed-dhahâb* (2); il était donc né vers 561-562 de notre ère, ce qui place la naissance de Harb vers 528-529, en comptant l'intervalle d'une génération moyenne entre le père et le fils.

Ce qui confirme encore la date fixée approximativement par de Sacy est un curieux passage du *Kitâb-al-fihrist* (3), dont les érudits n'ont pas encore fait usage, et dans lequel Mohammed-ebn-Ischaq raconte avoir vu dans la bibliothèque du khalife Al-Mamoun une pièce tracée sur peau, qui contenait l'accord fait par Abd-el-Mottalib avec un Himyarite de Sana au sujet d'une somme de 1,000 dirhems d'argent. L'écriture de cette pièce, dit l'auteur, était semblable à celle que l'on appelle خط النسا « écriture de femme ». Nous ignorons le sens de cette dernière expression. Abd-el-Mottalib mourut en 579 de notre ère, à l'âge de quatre-vingts ans (4).

Cependant les enseignements donnés par Harb n'eurent pas d'abord beaucoup de succès, et ce fut un autre qui, quelques années après,

(1) *Mém. de l'Acad. des Inscr.*, t. I, p. 306. — Cf. Caussin de Perceval, *Histoire des Arabes*, t. I, p. 294.

(2) De Sacy, *Chrestomathie arabe*, t. II, p. 324.

(3) *Kitâb-al-fihrist*, éd. Flügel, p. 5.

(4) Caussin de Perceval, t. I, p. 290.

parvint à généraliser l'usage de l'écriture chez les Qoreïschites. La seconde tradition, qui en attribue l'introduction au Kindien Bischr, marié à la fille de Harb, paraît en effet devoir s'expliquer de cette façon (1).

En effet, Bischr était frère d'Okaydir, qui plus tard, en la neuvième année de l'Hégire, commandait à des Arabes de Sakoûn, branche de Kinda, établis à Daumat-el-Djandal, et auquel Mahomet envoya un message en cette même année, c'est-à-dire en 630 de Jésus-Christ. En supposant même que Bischr fût l'aîné d'Okaydir, il n'y a pas lieu de penser qu'il fût né plus tôt que 555 ou 560, et par conséquent qu'il eût épousé Sahbâ, fille de Harb, avant 575 ou 580. Ce serait donc seulement vers cette dernière époque qu'il aurait pu donner aux Mecquois des leçons d'écriture.

A partir de ce moment, nous voyons l'art d'écrire connu d'un grand nombre de Qoreïschites. On trace en lettres d'or, dans le caractère mecquois dit Mohammed-el-Fatoun, pour les suspendre dans la Kaâba, les sept Moâllaqât, couronnées dans les concours de poésie de la foire d'Okâzh, et dont la composition répond à la jeunesse de Mahomet (2). Quelques années plus tard, les Qoreïschites tracent sur le parchemin ce fameux anathème contre le Prophète, dont, suivant le récit d'Aboulféda (3), les vers n'épargnèrent que le nom de Dieu, ayant mangé tout le reste. Dans la fuite de Mahomet à Médine, Abou-Bekr remet par ses ordres à Soraqa-ben-Mélik un tesson de poterie portant quelques lignes d'écriture, qui, plusieurs années après, lui servirent de sauvegarde lors de la prise de la Mecque (4). Après les premiers combats engagés entre les compagnons du Prophète et les Qoreïschites, le traité conclu par les deux parties belligérantes est mis par écrit (5). Enfin Mahomet lui-même adresse à un grand nombre de princes, pour les engager à

(1) Caussin de Perceval, t. I, p. 294.

(2) *Qâmous*, v° *Okâzh*. — Pococke, *Spec. hist. Arab.*, p. 164. — Fresnel, *Première lettre sur l'histoire des Arabes*, p. 31. — Caussin de Perceval, t. I, p. 297. — Renan, *Histoire des langues sémitiques*, 1re édition, p. 334.

(3) *Vit. Moham.*, p. 27.

(4) Aboulféda, *Annal. Moslem.*, t. I, p. 73; *Vit. Moham.*, p. 52.

(5) Aboulféda, *Vit. Moham.*, p. 87.

embrasser l'islamisme, des lettres (1) dont une a été récemment retrouvée en Égypte par M. Étienne Barthélemy (2).

A ces faits, qui prouvent l'emploi assez fréquent de l'écriture à la Mecque du temps de Mahomet, il faut encore joindre le récit de la conversion d'Omar à l'islamisme tel que le fait Aboulféda (3), où l'on voit Saïd et Fâtimah, sœur et beau-frère de ce personnage, surpris par lui tandis qu'ils lisent un chapitre du Coran écrit sur un feuillet de parchemin; et enfin l'anecdote suivante, extraite par de Sacy (4) d'un commentaire sur le poëme *Aqila* (5) :

« Voici une preuve que l'on mettait par écrit pour le Prophète lui-« même ses révélations. Quand Dieu lui eut révélé ce verset : *Ceux des* « *croyants qui seront demeurés chez eux pour éviter les hasards du* « *combat, ne seront pas égaux aux autres,* Abd-Allah-ben-Djahasch « et le fils d'Oumm-Maktoun lui dirent : Apôtre de Dieu, nous sommes « aveugles; y a-t-il pour nous une exception? Alors Dieu révéla ces « mots : *A l'exception de ceux qui ont quelque infirmité*. Aussitôt Ma-« homet dit : Que l'on m'apporte l'omoplate et l'encrier. Et Zeyd y « ajouta ces mots par ordre du Prophète. Il me semble, disait Zeyd en « racontant cela, voir encore l'endroit de cet os où fut faite cette « addition ; c'était près d'une fente qui se trouvait dans l'omoplate. »

Cependant, dans l'Arabie, le nombre des hommes qui savaient écrire, comparativement à la population, était encore peu considérable. De là la distinction que Mahomet établit en plusieurs endroits entre les *gens du livre,* اهل الكتاب, et les peuples *sans instruction*, les ἰδιῶται, pour nous servir d'une expression grecque qui rend cette idée en un seul mot, أمّي, distinction que Schahrestâny explique de la manière suivante : « Les deux classes d'hommes opposées l'une à l'autre avant la « mission de Mahomet étaient les *peuples de l'écriture* et ceux qu'on « appelle *Ommi*. On désigne sous ce dernier nom quiconque ne con-

(1) *Ibid.*, p. 92.

(2) *Journal asiatique*, 5e série, t. IV, p. 482 et suiv.

(3) *Vit. Moham.*, p. 23. — Ibn-Hischam, p. 226, t. 1, p. 168 de la traduction de M. Weil. — Cf. Caussin de Perceval, t. I, p. 397.

(4) *Mém. de l'Acad. des Inscr.*, t. L, p. 308; le texte à la page 424 du même volume.

(5) MS. arabe de Paris, fonds Saint-Germain, n° 282, folio 17, recto et verso.

« naît pas l'écriture. Les Juifs et les chrétiens demeuraient à Médine et « les *Ommi* à la Mecque (1). » L'auteur du *Mogrib* détermine encore d'une manière plus précise le sens du mot أُمّي : « Ce mot est un ad-« jectif dérivé de *ommat-el-Arab*, أمّة العرب, la nation des Arabes. Les « Arabes ne savaient ni lire ni écrire; en conséquence, le mot *Ommi* « a été employé dans un sens métaphorique, pour signifier : *une per-« sonne qui ne sait ni lire ni écrire* (2). »

Sans entrer dans l'examen de la question, assez obscure, de savoir si Mahomet a jamais su lire ou écrire; si, après son entrée dans la carrière prophétique, il se fit enseigner par quelque chrétien ou quelque juif les premiers éléments de l'alphabet, ou si c'était une simple supercherie de sa part que de prétendre savoir lire et écrire par suite d'une révélation divine (3), constatons seulement qu'avec certitude il ignora jusqu'à l'âge d'homme les notions de cet art qu'on ne lui avait pas appris dans son enfance (4). Cela est tout naturel, du reste. Mahomet était né en 571, avant que Bischr n'eût définitivement implanté l'usage de l'écriture à la Mecque. Pendant tout le temps qu'il fut enfant, c'était encore une connaissance rare et relevée, que dans son éducation, fort négligée, il n'avait pas dû avoir le temps et l'occasion d'apprendre.

L'ignorance des Qoreïschites sous le rapport de l'art d'écrire, avant Harb et Bischr, était donc complète; du moins il n'y avait pas encore d'écriture nationale, et les hommes instruits, comme Waraqa, fils de Naufal, contemporain d'Abd-el-Mottalib, qui vit encore Mahomet dans son extrême vieillesse, se servaient d'alphabets étrangers, particulièrement de l'alphabet hébraïque, avec lequel Waraqa avait écrit sa traduction arabe des Évangiles (5). Tous les Arabes du Hedjaz, c'est-à-dire les Ismaélites de race pure, étaient dans le même cas, mais il n'en était

(1) Schahrestâny, p. 162, éd. Cureton; t. I, p. 245 de la traduction de Th. Haarbrücker. — Voy. Pococke, *Spec. hist. Arab.*, p. 156.

(2) Cf. de Sacy, *Mém. de l'Acad. des Inscr.*, t. L, p. 295.

(3) Voy. à ce sujet Renan, *Histoire des langues sémitiques*, 1re édition. p. 341.

(4) Coran, sour. XXIX, v. 44-47. — Voy. De Sacy, *Mém. de l'Acad. des Inscr.*, t. L, p. 296.

(5) *Kitâb-el-Aghâni*, MS. de Paris, supplément arabe, n° 1414, t. I, fol. 164. — Pococke, *Spec. hist. Arab.*, p. 162. — Caussin de Perceval, t. I, p. 292 et 322. — Renan, *Histoire des langues sémitiques*, 1re édition, p. 340.

pas de même des populations mixtes, en partie arabes et plus encore araméennes, de la Nabatène et de l'Irâk, auxquelles les Romains donnaient plus spécialement le nom d'*Arabes*; nous avons étudié dans le chapitre précédent l'alphabet qu'au moins une partie d'entre eux employaient depuis le second siècle avant notre ère. C'est à cet alphabet et non au palmyrénien, comme l'avait cru de Sacy, que doit se rapporter la mention d'un *copiste pour l'écriture arabe*, qui se rencontre dans une inscription de Rome, de l'époque de Trajan :

MVLPIVSSYMPHORVS
VIXITANNISXXIIII
MENSIBVSVIIDIEBVSXI
MVLPIVSCASTORAS
LIBRARIVSARABICVS
BENEMERENTIQVOD
ISEXPEDITIONIBVS
DVABVS
GALLIAEETSYRIAE
SECVMFVERAT (1).

Nous ne voyons pas trop à quel titre un copiste pour l'arabe avait pu prendre part à quelque voyage officiel en Gaule; mais on doit remarquer que cette inscription mentionne sa présence dans une expédition en Syrie, circonstance qui confirme tout à fait ce que nous disons de l'usage de l'écriture renfermé exclusivement dans les tribus mixtes du Nord. On voit que l'on ne pourrait pas citer ce monument en opposition au témoignage des auteurs musulmans sur l'absence d'écriture chez les Arabes de la région centrale peu de temps encore avant l'Hégire.

Voilà pour ce qui est de l'introduction et de la combinaison de l'écriture arabe. Quant à ses premières vicissitudes et à la forme qu'elle avait alors, nous avons vu que l'auteur du *Kitâb-al-fihrist* dit que les

(1) *Nov. Act. erudit.*, januar. 1773, p. 43 et suiv. — De Sacy, *Mém. de l'Acad. des Inscript.*, t. L, p. 316. — Fr. Lenormant, *Journal asiatique*, 5e série, t. XIII, p. 55.

Toutes les copies portent à la dernière ligne SECVNDVM FVERAT. Mais la restitution SECVM est déjà indiquée dans le Journal littéraire de Rome, de 1774.

plus anciens types du caractère arabe étaient le mecquois, le médinois et le *basry* ou écriture de Bassora. De plus, Mohammed-el-Fatoun, traitant le mecquois et le médinois d'*écritures coufiques*, donnerait à penser que ce type est le plus ancien, et que les premières formes de l'alphabet devaient s'y rattacher.

Pour le neskhy, les écrivains arabes s'accordent à dire qu'il n'a été inventé qu'au quatrième siècle de l'ère musulmane par le vizir Ibn-Moqla, mort en 324 ou 326 de cette ère. Voici ce que dit à ce sujet le célèbre biographe arabe Ibn-Khallikân, dans la vie d'Ibn-el-Bawwab :

« Il n'y a personne, ni entre les anciens, ni entre les modernes, qui « ait approché de la beauté de son écriture, quoiqu'Ibn-Moqla soit le « premier qui ait tiré du caractère coufique le système actuel, et qui « l'ait amené à cette forme ; il a en cela le mérite de la priorité, et « son écriture est aussi fort belle ; mais Ibn-el-Bawwab a perfectionné « son système, en a rendu l'exécution plus pure, et lui a donné un « extérieur plein de charmes et d'agréments. D'autres disent que l'in- « venteur de cette belle écriture n'est pas Abou-Ali (Ibn-Moqla), que « c'est son frère Abou-Abd-Allah Hassân. Nous en faisons mention dans « la vie d'Abou-Ali, qui est classée parmi les personnages du nom de « *Mohammed*. Il faut voir cela en cet endroit (1). »

En effet, dans la vie d'Ibn-Moqla on retrouve le passage suivant :

« Nous avons déjà parlé de lui dans la vie d'Ibn-el-Bawwab le *katîb*, « et nous avons dit que c'est lui qui a donné cette forme, c'est-à- « dire lui ou son frère, suivant la diversité d'opinions dont nous avons « fait mention à l'endroit cité. » Et quelques lignes plus loin, le biographe ajoute : « Le frère d'Ibn-Moqla, Abou-Abd-Allah Hassân, était « un *katib* de beaucoup de talent et lettré ; le vrai, c'est que c'est lui « qui est l'auteur de la belle écriture (2). »

Enfin on lit dans Elmaçin (3) :

« Cet Ibn-Moqla est celui qui est le célèbre auteur de l'écriture ; il

(1) Ibn-Khallikân, éd. de Slane, p. 479 du texte, t. II, p. 282 de la traduction.

(2) Ibn-Khallikân, t. III, p. 270 et 271 de la traduction de M. de Slane. — De Sacy, *Mém. de l'Acad. des Inscr.*, nouv. sér., t. IX, p. 75 et suiv.

(3) *Hist. Sarac.*, p. 205.

« est le premier qui ait converti l'écriture coufique, d'origine étran-« gère, en ce beau système arabe.... Après lui est venu Ibn-el-Bawwab, « qui l'a encore rendu plus arabe et y a atteint le suprême degré. »

IV.

En présence de témoignages aussi formels, il n'était pas possible, à moins de monuments contraires incontestables, de ne pas considérer le coufique comme représentant la plus ancienne forme de l'écriture arabe, d'où le neskhy aurait été tiré par une modification calligraphique postérieure. C'est aussi ce qu'ont pensé Pococke (1), Reiske (2), Eichhorn (3), Adler (4), Wahl (5) et de Sacy (6). L'écriture *coufique* aurait, par conséquent, existé un temps notable avant la fondation de Koufa; mais Reiske supposait qu'elle avait été ainsi nommée comme inventée à Hîra, ville à laquelle succéda Koufa presque sur le même emplacement; Eichhorn, qu'elle l'avait été parce qu'à Koufa, pendant un temps, il y avait eu un grand nombre de copistes occupés à transcrire le Coran dans ce caractère; enfin Adler pensait que cette appellation venait de ce que la plus ancienne écriture arabe avait atteint son suprême degré d'élégance sous le calame des calligraphes de Koufa.

Restait à fixer le lieu d'où venait cette écriture, et l'alphabet d'où elle était dérivée. Ibn-Khaldoun, dans ses *Prolégomènes historiques*, disait formellement que c'était du *mousnad* himyaritique (7), et Mohammed-el-Fatoun semblait indiquer la même origine. Mais, avant même que l'on ne connût des inscriptions conçues dans l'écriture nationale

(1) *Spec. hist. Arab.*, p. 163.
(2) Dans le *Repert. für Bibl. und morgenl. Literatur* de Eichhorn, t. IX, p. 246.
(3) *Ibid.*, p. 251.
(4) *Descriptio codicum quorumdam cuficorum partes Corani exhibentium in Bibliotheca Regia Hafniensi*, Altona, 1780, in-4°.
(5) *Allgemeine Geschichte der morgenlænd. Sprachen*, pl. VIII.
(6) *Mém. de l'Acad. des Inscr.*, t. L, p. 307.
(7) Texte dans les *Notices et extraits des manuscrits*, t. XVII, p. 339 et 341; traduction par M. de Slane, dans le t. XX, p. 392 et 396.

du Yémen, l'illustre de Sacy avait réfuté cette opinion avec une admirable sagacité. S'appuyant sur les nombreux témoignages qui établissaient l'identité presque absolue de l'himyaritique avec l'éthiopien, il avait montré que cet alphabet ne pouvait avoir aucun rapport avec l'arabe, pas plus coufique que neskhy.

Cependant Elmaçin appelait l'écriture arabe de l'épithète d'étrangère, مولد, ce qui indiquait que ses inventeurs avaient dû la prendre à quelque peuple voisin. Guidé par des raisons géographiques tirées des lieux où on rapportait qu'elle avait été employée d'abord, par la forme syrienne du nom de Morâmir, par l'identité de l'ordre primitif des lettres arabes avec celui des lettres de l'alphabet syriaque, enfin par un certain nombre de rapports de formes assez frappants, de Sacy a proposé de reconnaître dans l'écriture *djazm* un dérivé du syriaque estranghelo. Cette opinion a été adoptée depuis par tous les érudits qui ont reparlé de la même question, par Kopp (1), par le comte Castiglione (2), par Gesenius (3), par Fresnel (4), par Caussin de Perceval (5), et enfin par M. Renan (6).

Elle pouvait se soutenir paléographiquement avec une certaine vraisemblance. En effet, de tous les alphabets orientaux connus au temps où de Sacy écrivait son mémoire sur l'écriture arabe, le plus voisin du coufique était sans contredit l'estranghelo. Pour un assez grand nombre de caractères on avait là une source de dérivation fort satisfaisante. Mais il en était d'autres cependant, de l'origine desquels on avait quelque peine à se rendre un compte exact par la voie de l'estranghelo :

ܒ

ܚ = ح, car ܚ ج pouvait se tirer assez facilement du ܓ estranghelo;

ܢ final; l'initial ܢ répondait bien au ܢ estranghelo;

(1) *Bilder und Schriften*, t. II, p. 287-324.
(2) *Monete cufiche dell' Imperiale Reale Museo di Milano*, osserv. prelim., p. LXXXII.
(3) Article *Arabische Schrift*, dans l'Encyclopédie d'Ersch et Gruber.
(4) *Journal asiatique*, 1838, p. 554 et suiv.
(5) *Histoire des Arabes*, t. I, p. 291 et suiv.
(6) *Histoire des langues sémitiques*, 1re édition, p. 329.

ܘ

ܛ final ou initial ܛ;

ܩ = ق, car la même forme avec la valeur de ف est semblable à l'estranghelo;

ܪ = ر

ܫ = ش

Il y avait là une difficulté très-sérieuse, et le comte Castiglione s'en était bien aperçu, tout en adoptant l'opinion de Sacy, la seule que l'on pût admettre alors. « On a de la peine à comprendre, disait-il, com-« ment, dans le passage de l'alphabet syriaque à l'alphabet arabe, on « en est venu à confondre les formes de plusieurs lettres qui étaient « distinctes; peut-être n'en saurait-on imaginer d'autre raison que la « profonde ignorance des premiers Arabes qui adoptèrent cette écri-« ture (1). »

De plus, pour faire dériver l'écriture arabe de l'estranghelo, il fallait de toute nécessité que le coufique fût antérieur au neskhy et que ce dernier caractère n'en fût qu'une dérivation tardive. La difficulté d'établir la filiation avec la première écriture des Syriens, déjà fort grande, comme on vient de le voir, en coufique pour huit lettres sur vingt-deux, s'appliquait, en effet, à un nombre bien plus considérable de signes dans l'alphabet neskhy. Ainsi, outre les lettres que nous avons énumérées et dont les formes en neskhy sont : د, ح (final ح), ی, م, ص, ق, ر, ش, il en est encore trois dont la forme, si l'on était obligé de supprimer l'intermédiaire du coufique, ne saurait se dériver de l'estranghelo :

ه, ﻬ ou ﻫ suivant sa position — estranghelo ܗ

ﻛ ou ک » ܟ

ع ou ﻋ, final ع » ܥ

Nous ne parlons pas des figures particulières à la position de finales, figures que le neskhy possède pour un beaucoup plus grand nombre de lettres que le coufique et qui n'offrent, pour ainsi dire, aucun rap-

(1) *Monete cufiche*, osserv. prelim., p. LXXXII.

port avec les caractères correspondants de l'estranghelo, mais que l'on pourrait à la rigueur considérer comme des inventions calligraphiques sans grande importance pour la question d'origine.

Il est vrai que Kopp, s'éloignant en cela des autres érudits qui suivaient la même opinion sur la filiation de l'écriture arabe sortie du syriaque, avait proposé de rapprocher le neskhy, non plus de l'estranghelo, mais du peschito, et que ce rapprochement fournissait des résultats satisfaisants pour un grand nombre de lettres. Mais si la tournure générale des deux écritures a plus de rapport, si le rapprochement proposé par Kopp rend mieux compte de l'origine des lettres ا ـجـ ـهـ م ق ر, il laisse toujours dans une grande obscurité la manière dont ont pu se former ـحـ ى ک ـهـ ص, et même on a beaucoup plus de peine à comprendre avec le peschito qu'avec l'estranghelo la dérivation du و et du س.

Ainsi donc, malgré les efforts de Kopp pour expliquer les formes particulières au neskhy par un des alphabets usités chez les Syriens, l'idée de l'origine de l'écriture arabe sortant du syriaque ne pouvait être acceptée et maintenue que si des monuments positifs ne venaient pas contredire le témoignage d'Ibn-Khallikân et d'Elmaçin, en prouvant que le type neskhy était contemporain du type coufique.

V.

Ces monuments ne se sont pas fait bien longtemps attendre, et quarante ans juste après l'époque où il avait composé son mémoire sur l'*Histoire de l'écriture chez les Arabes*, de Sacy, convaincu par leur étude, reconnaissait que ses premières idées sur ce sujet devaient être profondément modifiées.

Les premiers connus de ces monuments appartenaient à la numismatique. C'étaient d'abord des monnaies de bronze avec figures portant le nom de Damas en arabe neskhy, monnaies que Sestini publia comme appartenant à l'empereur Léon Khazare et que le baron Marchant (1)

(1) *Lettres sur la numismatique et sur l'histoire.* Lettre première, adressée à M. de Sacy.

restitua au khalife Ommeyade Abd-el-Mélik (635-704 de Jésus-Christ) en les considérant « comme des essais de monnaie dont la politique des « Musulmans avait commencé à rapprocher le style et la fabrique du « système monétaire des empereurs, pour en favoriser le cours. » Ensuite une monnaie, également de bronze, frappée à Tibériade, avec le nom de cette ville, d'un côté en grec, de l'autre en arabe neskhy. Cattaneo, qui, le premier, fit connaître cette monnaie, la croyait frappée sous l'autorité d'Héraclius, et cette opinion avait été adoptée par le comte Castiglione. Mais M. de Saulcy (1) a depuis démontré qu'elle avait été émise, ainsi que d'autres pièces analogues (2), que le savant académicien a publiées en même temps, dans les premières années de la domination des Musulmans en Syrie et que la légende bilingue était destinée à la faire circuler également parmi la population conquérante et la population conquise.

Ces monnaies contredisaient trop complétement le système adopté par tout le monde sur l'histoire et l'origine de l'écriture arabe pour que l'authenticité n'en fût pas d'abord vivement attaquée. L'abbé Simon Assemani la nia absolument, et de Sacy, sans s'avancer autant, éleva de de grands doutes à ce sujet. Mais le comte Castiglione reprit la question, et non-seulement établit d'une manière indubitable la parfaite authenticité des monnaies publiées par Sestini et par Cattaneo, mais montra qu'une portion des plus anciens monuments numismatiques des Arabes portaient des légendes conçues dans un caractère qui se rattachait au type neskhy et que le coufique ne triomphait définitivement et sans partages sur les monnaies, qu'à partir de l'avénement des

(1) *Journal asiatique*, 3e série, t. VII, p. 347 et suiv.; 404 et suiv.; t. VIII, p. 472 et suiv. — Cf. de Longpérier, dans la seconde édition des *Lettres du baron Marchant*, p. 10 et suiv.

(2) Voici quelles sont ces pièces :

1° Damas. — Légendes : ΔΑΜΑCΚΟC. ℞. ضرب بدمشق جايز en caractères neskhys.

2° Même ville. — Légende : ΛЄΟ. ℞. ANO XVII دمشق en caractères neskhys.

3° Émèse. — Légendes : ΚΑΛΟΝ. لحمص. ℞. ЄΜЄCΗC. طيب. Les mots arabes en caractères coufiques.

4° Tibériade. — Légendes au revers : ΤΗΒЄΡΙΑΔΟ. طبريه en caractères neskhys.

5° Baalbek. — Légendes au revers : ΗΛΙΟΥΠΟΛЄ. بعلبك en caractères coufiques.

Abbassides au khalifat. Comme preuve il cita trois pièces : l'une de l'an 116 de l'ère musulmane, qu'Adler avait jugée, d'après la forme des lettres, appartenir à une époque assez rapprochée ; la seconde et la troisième du commencement du deuxième siècle de l'Hégire, rapportées par l'abbé Simon Assemani, l'une à la dynastie des Ikschidites et par conséquent au quatrième siècle de l'Hégire, l'autre à la dynastie des Fatimites, postérieure encore aux Ikschidites. Fræhn confirma ces observations, et de Sacy en reconnut la justesse (1).

Dès cette époque on eût pu ajouter encore un autre exemple. Niebuhr avait publié dans son Voyage (2) une monnaie de bronze à figures portant des légendes neskhyes ; d'un côté :

لعبد الله عبد الملك امير المومنين

et de l'autre :

لا اله الا الله محمد رسول الله

dans le champ :

واف بقنسرين

Mais quoique les légendes de cette pièce fussent fort claires, elles n'ont été expliquées que par M. de Saulcy, qui a montré que la médaille appartenait aux premières années du khalifat d'Abd-el-Mélik, avant l'an 76 de l'Hégire (3).

Enfin, en 1825, Drovetti, consul général de France en Égypte, envoya à Paris deux papyrus arabes découverts dans un vase de terre à Saqqarah, et de Sacy consacra à l'étude de ces textes intéressants un mémoire spécial, inséré dans le *Journal des savants* de juillet 1825 et dans le tome IX de la nouvelle série des *Mémoires de l'Académie des Inscriptions* (4). C'étaient deux passe-ports délivrés en l'an 133 de l'Hégire par Djaber, fils d'Obayd, gouverneur de la province de Memphis,

(1) *Journal asiatique*, 1819, p. 260.

(2) *Reisebeschreibung*, pl. X, n° 4.

(3) Le même savant a fait connaître une pièce analogue, de la même époque, portant les légendes, également neskhyes :

لا اله الا الله محمد رسول الله

بر. ما امر الله به ...., dans le champ : مشق.

M. de Saulcy suppose que مشق est une corruption pour دمشق, *Damas*.

(4) Part. II, p. 66-85.

au nom de l'émir Abd-el-Mélik, fils de Yezid, lieutenant du khalife en Égypte et intendant général des finances (1), à des habitants du nome de Memphis qui se rendaient dans le Saïd avec leurs familles. Le caractère dans lequel étaient tracées ces deux pièces officielles était le pur neskhy, ainsi que l'on pourra s'en convaincre en examinant les planches jointes à la dissertation de Sacy ou en recourant aux originaux conservés à la Bibliothèque nationale (2).

Deux ans après, le même Drovetti envoyait un autre papyrus beaucoup plus important encore, découvert comme les deux précédents à Saqqarah. De Sacy en fit le sujet d'un second mémoire, publié dans le *Journal asiatique* (3) et dans le tome X des *Mémoires de l'Académie des Inscriptions* (4). C'était une lettre confidentielle adressée, en l'an 40 de l'Hégire, à un personnage important de cette époque, que mentionnent plusieurs fois les historiens arabes, Osama, fils de Zeyd. L'original de cette lettre fait maintenant partie des collections de la Bibliothèque nationale. L'écriture en est aussi le neskhy, de la même forme que sur les passe-ports de l'an 133.

En présence de ces monuments, auxquels De Sacy ajouta une tessère en verre rapportée d'Égypte et déposée au Louvre (5), portant le

(1) Makrizi *ap.* de Sacy, *loc. cit.*, p. 71.

(2) Un troisième passe-port arabe, daté de l'an 133 de l'Hégire et délivré au nom de l'émir Abd-el-Mélik, a été publié en fac-similé dans la *Paléographie universelle* de Silvestre (t. I, sect. 17, arabe, pl. I, nº 4); il est également tracé en neskhy et provient sans doute de la même découverte que les deux autres. Il est maintenant conservé au Musée Britannique, par lequel il a été acquis à la vente de la collection Raifé (voy. mon *Catalogue Raifé*, nº 438 *bis*). A l'occasion de ce papyrus, j'ai indiqué les circonstances historiques qui expliquent la multiplication des passe-ports délivrés à des chrétiens coptes dans l'année 133 de l'Hégire, circonstances qui avaient échappé à l'attention de Sacy.

Le type graphique des trois papyrus, dont nous venons de parler, se retrouve presque semblable dans une précieuse inscription datée de l'an 175 de l'Hégire, c'est-à-dire du khalifat de Haroun-al-Raschid, que M. de Khanikof a découverte à Derbend, dans le Caucase, et publiée en fac-similé dans le *Journal asiatique*, août 1862, p. 103.

(3) 1827, p. 209 et suiv.

(4) Part. II, p. 65 et suiv.

(5) Cette tessère porte la légende suivante en caractères neskhys :

امر اسامه بن زيد ربع قسط واف

De l'ordre d'Osama fils de Zeyd, un quart de qast (sorte de mesure pour les choses sèches) à bonne mesure.

nom d'un autre Osama, fils de Zeyd, collecteur des contributions sous le khalife Walid, fils d'Abd-el-Mélik, et destitué en 96 de l'Hégire (1), le récit des auteurs arabes sur l'invention du neskhy par Ibn-Moqla tombait de lui-même. Aussi, dès en publiant les papyrus de l'an 133, l'illustre de Sacy écrivait-il : « Peut-être faudra-t-il réformer tout à « fait nos idées sur la chronologie des différentes écritures arabes, et « reconnaître que le caractère neskhy, dont on fixait l'invention au « troisième siècle de l'Hégire, existait, à peu près sous la forme ac- « tuelle, avant que les Arabes du Hedjaz reçussent d'Anbâr et de Hîra « celui qui a donné naissance au caractère coufique. »

Nous verrons un peu plus loin ce qu'il faut penser de cette dernière conjecture.

VI.

A ces monuments entrés déjà depuis un assez long temps dans le domaine de la science, quoiqu'on n'en ait peut-être pas tiré tout le parti possible, nous en joindrons d'autres, dont l'importance est peut-être encore plus grande et dont la découverte appartient à M. Amari (2).

En 1830, la Bibliothèque, alors Royale, de Paris acquit les manuscrits arabes, persans et turcs que M. Asselin, agent consulaire français, avait rassemblés pendant son séjour en Égypte. Dans le nombre se trouvait une grande quantité de feuillets de parchemin détachés provenant de manuscrits du Coran. C'est seulement il y a une quinzaine d'années que ces feuillets ont été classés et arrangés par M. Amari sous la direction de M. Reinaud, alors conservateur des manuscrits orientaux. Une partie est écrite en caractères coufiques et mériterait d'être publiée en

(1) Elmaçin, *Hist. Saracen.*, p. 69. — Abou 'lmahasen *ap.* de Sacy, *Mém. de l'Académie des Inscr.*, nouv. série, t. IX, p. 87. — Assemani, *Catalogo de' Codici manoscritti orientali della biblioteca Naniana*, part. II, p. 281.

(2) Nous empruntons les renseignements relatifs à ces précieux monuments de la paléographie arabe au beau mémoire encore inédit de M. Amari sur l'histoire de la rédaction du Coran, couronné en 1858 par l'Académie des Inscriptions et Belles-Lettres.

ac-simile, car elle jette de précieuses lumières sur l'histoire paléographique de cette variété de l'écriture arabe, dont elle offre des spécimens de tous les genres, depuis le coufique monumental jusqu'à celui qui se confond presque avec le *maghreby*. Mais ce n'est là que la partie la moins intéressante de la collection.

D'autres fragments, heureusement assez nombreux, annoncent dès le premier coup d'œil leur antiquité par la forme insolite des caractères et par la qualité du parchemin, ainsi que la façon dont il est préparé (1). Ils ont été réunis en un seul volume, qui porte le nº 150 a dans le *Supplément arabe*.

Nous donnons dans la première division de la planche XVII l'alphabet de ces fragments. Il y en a de deux sortes, avec ou sans points diacritiques; le corps des textes est sans points, et les passages difficiles ou obscurs sont ponctués.

On le voit par notre planche, cette écriture, très-pleine comme celle de tous les manuscrits orientaux de grande dimension et exécutés avec un soin particulier, a les formes du neskhy, sauf pour quelques lettres dont elle nous révèle un type ancien, un peu différent de celui des manuscrits postérieurs et inclinant vers le coufique. Ainsi les lettres : ا ب ت ث ج ح خ ر ز س ش ص ض ف ق ل و initiales aussi bien que finales ou détachées, ainsi que ه ع غ ك م initiales seulement, sont identiques au neskhy ordinaire. Au contraire, les lettres د ذ ط ظ dans toutes leurs combinaisons, ج ح خ ع غ médiales, et ك م ن ه ى finales, inclinent notablement vers le type coufique. Dans les س ش ص ض finales, on retrouve aussi quelque chose qui tient un peu du coufique; le corps de la lettre est bien pareil au neskhy, mais le trait final courbé, placé au-dessous de la ligne, est anguleux et brisé comme dans le coufique au lieu d'avoir une forme arrondie et de remonter quelque peu à son extrémité comme dans le neskhy.

Mais ce qui fait la particularité saillante de cette écriture et ce qui ne permet de la confondre avec aucun autre type de la paléographie

(1) Il est préparé à la chaux, procédé que le *Kitâb-al-fihrist* dit être le plus anciennement usité chez les Arabes, avant qu'on n'eût commencé à Coufa à préparer le parchemin avec l'huile de dattes. — Cf. de Sacy, *Mém. de l'Acad. des Inscr.*, t. L, p. 437.

arabe est la figure des ا et des ل, toujours fortement inclinés à droite, de manière à former avec la ligne horizontale de l'écriture un angle qui va quelquefois jusqu'à 60 degrés. C'est là ce que Hadji-Khalfa et Mohammed-el-Fatoun, dans les passages que nous avons rapportés plus haut, indiquent comme le caractère distinctif de l'écriture mecquoise, la plus ancienne des écritures du Hedjâz.

M. Amari a donc eu pleinement raison de reconnaître dans les feuillets détachés de la collection Asselin des spécimens de cette écriture dont on croyait les monuments à jamais perdus.

L'écriture des fragments dont nous venons de parler est tout à fait semblable à celle du papyrus de l'an 40 de l'Hégire, autant du moins que l'écriture de grands exemplaires du Coran, exécutés avec soin et luxe pour une mosquée, peut être semblable à celle d'une lettre confidentielle écrite rapidement et à main levée, sauf la forme des *élif* et des *lam*. Mais parmi les feuillets de la collection Asselin, il en existe d'autres, qui ont été reliés dans le même volume que ceux en caractère mecquois et dont l'écriture est bien plus semblable encore à celle du papyrus de l'an 40 de l'Hégire. En effet, tout en donnant à presque toutes les lettres la même forme que les fragments en *mekky*, ils s'en distinguent dès le premier coup d'œil en ce que les ا et les ل y sont absolument verticaux.

On trouvera, du reste, dans la deuxième division de la planche XVII l'alphabet de ces fragments, qui constituent une classe à part parmi ceux que renferme le volume n° 150a du *Supplément arabe*. Comme dans les fragments mecquois, il y en a de deux sortes, ponctués et non ponctués.

Ce type paléographique, exactement pareil à celui du papyrus publié par De Sacy, nous suggère une conjecture que nous croyons devoir proposer ici.

Inventé dans la même contrée et probablement, à peu de chose près, à la même époque, le *basry* ou écriture de Bassora devait être presque semblable au coufique (1). Le médinois, au contraire, tous les auteurs

(1) M. de Slane pense le reconnaître dans le coufique altéré et assez étrange de quelques-uns des fragments de la collection Asselin.

qui en parlent nous l'attestent, n'offrait que peu de différences avec le mecquois. Et en effet, les gens de Médine avaient été instruits dans l'art d'écrire par ceux de la Mecque. On rapporte même qu'après la première bataille livrée par les compagnons de Mahomet et les Médinois contre les Qoreïschites, les prisonniers de ce dernier parti furent employés à enseigner l'écriture alphabétique à leurs vainqueurs.

En l'an 40 de l'Hégire, date du plus ancien des papyrus Drovetti, il ne devait y avoir encore en usage dans l'Arabie que les quatre types d'écriture, *mekky*, *médény*, *basry* et *koufy;* par conséquent des textes qui n'appartiennent ni au type graphique de la Mecque, ni à celui de Bassora, ni à celui de Koufa, doivent appartenir à celui de Médine. Nous sommes donc amenés par là à considérer le papyrus de l'an 40 et les fragments de la collection Asselin dont nous avons parlé en second lieu, comme des monuments de l'écriture médinoise et à supposer une confusion de la part de Mohammed-ebn-Ischaq, copié par Hadji-Khalfa et par Mohammed-el-Fatoun, lorsqu'il dit que les *élifs* et les *lams* étaient inclinés vers la droite dans le médinois comme dans le mecquois. C'était au contraire la disposition de ces lettres qui distinguait les deux écritures.

Le papyrus de l'an 40 de l'Hégire ne contient aucune espèce de signes diacritiques; les fragments de la collection Asselin en renferment, au contraire, dans tous les passages difficiles ou obscurs. C'est un indice certain que ces fragments sont postérieurs à la date du papyrus. Nous verrons, en effet, un peu plus loin que les signes diacritiques ne furent inventés que sous le khalifat d'Abd-el-Mélik, dans la seconde moitié du premier siècle de l'Hégire. Mais, quoique plus récents de quelques années que le papyrus, ceux de ces fragments qui sont écrits en mecquois nous révèlent un type paléographique dont la naissance était un peu plus ancienne.

VII.

Devons-nous adopter maintenant la donnée inverse de celle qui était généralement reçue avant la publication des papyrus arabes trouvés par Drovetti et considérer le coufique comme une dérivation notablement déformée du neskhy ?

Non, car nous pouvons établir par des monuments certains l'existence indépendante du type d'écriture arabe que représente le coufique, aussi anciennement que celle du type que représente le neskhy, c'est-à-dire à l'époque de Mahomet et des premiers khalifes.

Passons rapidement en revue ces monuments, en partant de la fin du premier siècle de l'Hégire et en remontant jusqu'au début de l'ère musulmane. Nous chercherons d'abord nos renseignements dans la numismatique.

En effet, si des monnaies de l'an 116 de l'Hégire et des années voisines, si le plus grand nombre des premières pièces de bronze frappées en Syrie après la conquête arabe offrent des légendes en neskhy, toutes les plus anciennes monnaies d'or et d'argent, dinars et dirhems, des khalifes Ommeyades ont leurs inscriptions tracées en caractères coufiques. Voici ce que dit à ce sujet M. Waddington dont nous nous plaisons à citer les ingénieuses et savantes remarques : « A partir de l'an 76 de l'Hégire, les monnaies arabes nous fournissent en abondance des exemples de l'écriture monumentale de l'époque ; les plus anciens dinars sont de l'an 76, et les plus anciens dirhems de l'année 78 ; ils sont fort nombreux dans les collections de médailles, notamment dans celle du cabinet de France. C'est l'alphabet employé sur ces différents monuments, et longtemps après, qu'on appelle *coufique*. On a souvent dit que l'écriture coufique avait été inventée à Coufa ; c'est une erreur, car elle existait longtemps avant la fondation de cette ville (1) ; mais c'est dans les écoles de Coufa qu'elle fut perfectionnée et qu'elle adopta les formes si pures et si élégantes qu'on admire sur les nombreux dirhems frappés sous les khalifes Ommeyades dans ses ateliers monétaires et dans ceux de sa voisine Waseth (2). » M. Waddington a relevé soigneusement l'alphabet des légendes de ces monnaies, et nous le reproduisons dans notre planche XVIII.

Même dans les pièces bilingues à figures dont nous parlions plus haut,

(1) Voy. plus haut, p. 147.

(2) Waddington, *Inscriptions grecques et latines de la Syrie*, p. 563.

celles de Homs et de Baalbek sont, pour la partie arabe, à légendes coufiques. C'est aussi du coufique que porte la monnaie frappée en l'an 80 par Naâmen, émir du Maghreb (1), la pièce de Jérusalem, ايليا, sans nom de khalife, expliquée par M. de Saulcy (2), laquelle a dû être émise vers le temps d'Abd-el-Mélik et avant l'année 76 ; enfin la petite monnaie de bronze, également de Jérusalem et probablement de la même époque, portant au droit le chandelier à sept branches, et, au revers la légende :

محمد
رسول
الله

محمد (3)
رسو[ل]
الله

De même, sur les papyrus de l'an 133 et de l'an 40 de l'ère musulmane, édités par de Sacy, tandis que la partie manuscrite est en neskhy, les cachets empreints sur la terre qui fermait ces minces rouleaux sont coufiques.

La belle inscription dédicatoire des mosaïques du Qoubbet-es-Sakhrah à Jérusalem, datée du khalifat d'Abd-el-Mélik et de l'an 73 de l'Hégire, est tracée avec le caractère coufique le plus monumental et le mieux caractérisé (4).

C'est encore le même caractère qui est gravé sur les intéressants tombeaux du cimetière d'Assouan en Égypte, dont quelques-unes des inscriptions, étudiées par M. Amari, d'après des photographies, lui ont laissé lire les noms de compagnons du prophète, établis dans ce lieu comme dans une des forteresses avancées de l'islamisme après la conquête d'Omar (5).

(1) De Longpérier, dans la 2e édition des *Lettres du baron Marchant*, p. 14 ; pl. I, n° 7.
(2) *Journal asiatique*, 3e série, t. VIII, p. 489. — De Longpérier, *loc. cit.*, p. 14 et suiv. ; pl. I, n° 8.
(3) M. de Vogüé, *Revue numismatique*, nouv. sér., 1860, pl. XIII, n° 7. — Madden, *History of jewish coinage*, p. 231.
(4) M. de Vogüé, *le Temple de Jérusalem*, pl. XXI, p. 85.
(5) Depuis que ceci est écrit j'ai eu l'occasion d'examiner moi-même sur les lieux, en 1869, les belles épitaphes du premier et du second siècle de l'Hégire qui subsistent toujours dans le cimetière d'Assouan. J'ai aidé un jeune et intelligent employé de l'administration égyptienne, autrefois attaché au Musée du Louvre, M. Daninos, à en prendre des estampages d'après lesquels j'ai tout lieu d'espérer qu'il les publiera bientôt.

Enfin les plus anciennes monnaies frappées pour les khalifes dans la partie la plus orientale de leur empire, à l'imitation de celles des rois Sassanides, lesquelles portent des légendes en partie arabes et en partie pehlevies, ont la portion arabe de leurs légendes, c'est-à-dire la formule religieuse بسم الله, en caractères coufiques, بسم الله. Ces monnaies portent en pehlevi les marques des ateliers de Hîra [illegible] אירא, de Bassora, [illegible] = בצרא, dans le midi de la vallée de l'Euphrate et dans l'Irâk, ainsi que celles de villes et de contrées de la Perse, telles que l'Adherbaïdjan, [illegible] = אד, Merv, [illegible] = מרו, etc., et des dates qui s'étendent de l'an 20 de l'Hégire (641 de Jésus-Christ), [illegible] = ויסט, à l'an 83 de la même ère (704), [illegible] = סהשטד (1).

Tout ceci nous montre le coufique employé comme écriture monumentale dans presque toute la durée du premier siècle de l'Hégire, tandis que l'écriture des manuscrits et des diplômes était alors le neskhy. Mais un autre monument nous fait voir encore antérieurement cette sorte d'écriture employée dans un usage non monumental à la Mecque.

C'est la lettre de Mahomet au patriarche des Coptes pour l'engager à adopter la foi de l'islam, découverte dans un monastère de l'Égypte par M. Étienne Barthélemy et publiée par lui en fac-similé dans le *Journal asiatique* (2). L'écriture de ce texte précieux est presque entièrement effacée; on n'y distingue avec quelque certitude, quoique très-difficilement encore, que les formules initiales et les légendes du cachet, mais on en voit assez pour reconnaître des formes semblables à celles du coufique.

Autant qu'on en peut voir, du reste, l'écriture de la lettre de Mahomet offrait la plus étroite analogie avec celle du beau Coran coufique tout à fait primitif, mais malheureusement incomplet, qui fut découvert au temps de l'expédition française dans un caveau de la mosquée

(1) Olshausen, *die Pehlewi Legenden*. — Mordtmann, dans le *Zeitschr. der deutsch. morgenl. Gesellsch.*, t. VIII, p. 148-168.

(2) 5e série, t. IV, p. 486, et planche y annexée.

PLANCHE 1

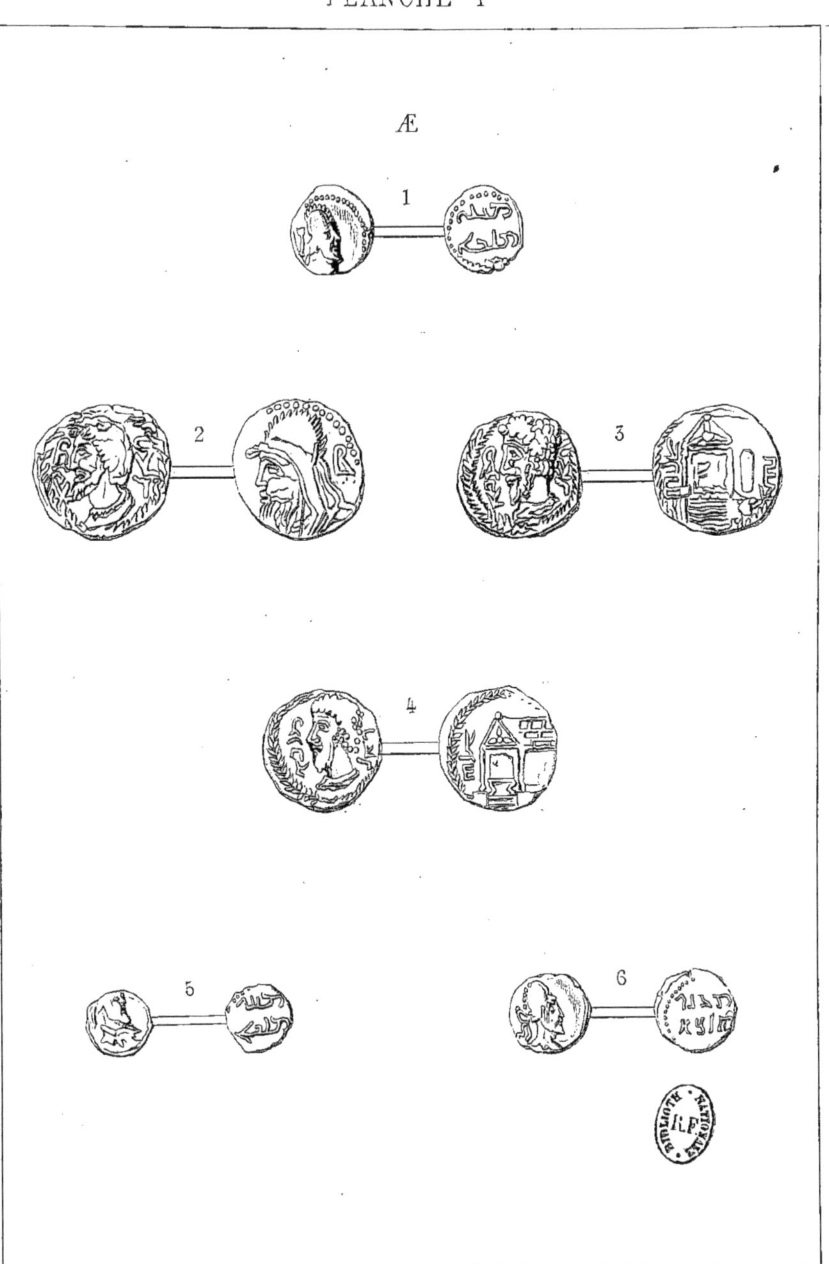

MONNAIES D'ÉDESSE.

PLANCHE II

Palmyrénien		*Estranghelo*
Oncial	*Cursif*	
	"	
	"	
"		
		final
		final
final	" final	final
"	"	

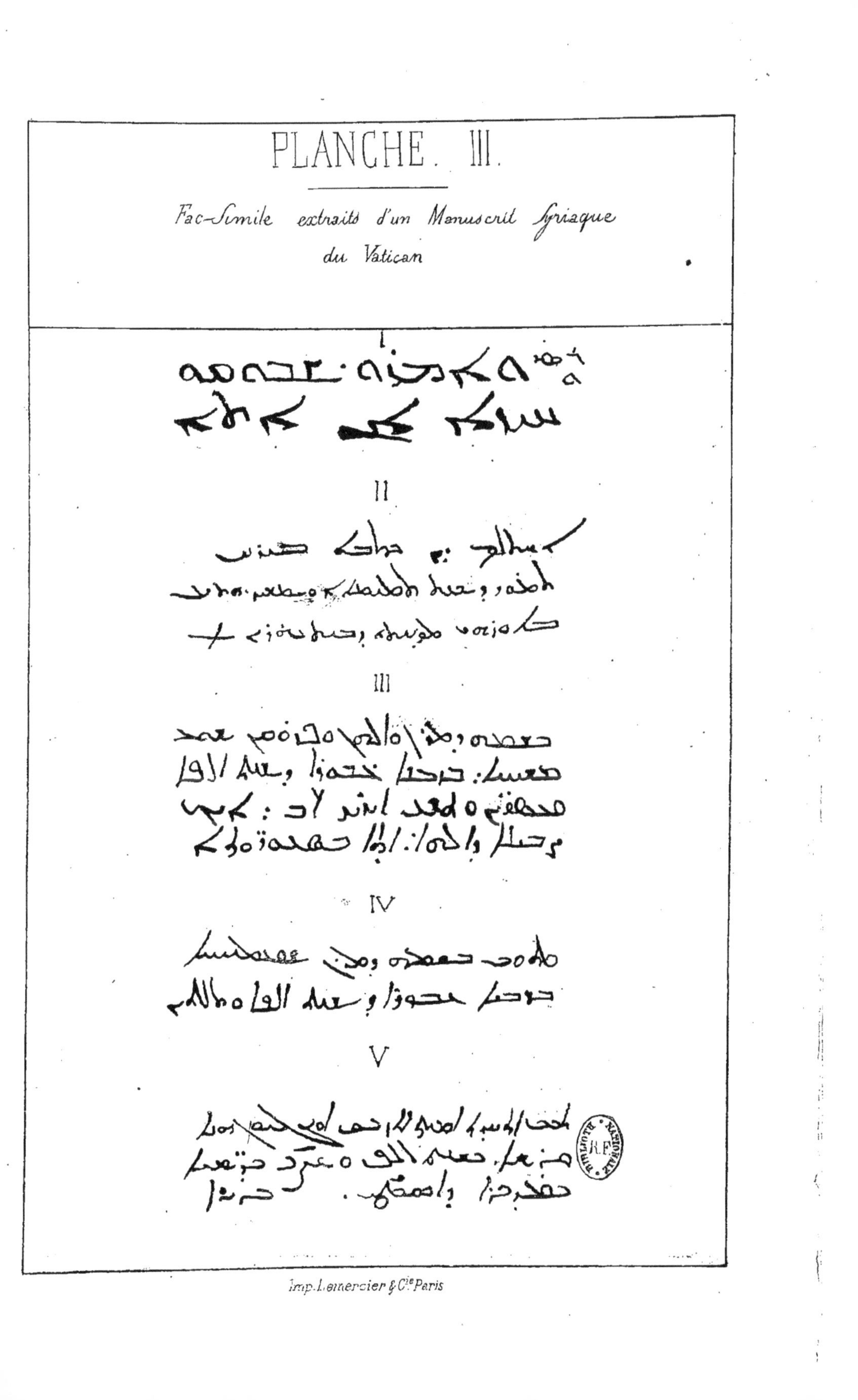

PLANCHE. III.

Fac-Simile extraits d'un Manuscrit Syriaque du Vatican

I

[illegible]

[illegible]

II

[illegible]

[illegible]

[illegible]

III

[illegible]

[illegible]

[illegible]

[illegible]

IV

[illegible]

[illegible]

V

[illegible]

[illegible]

[illegible]

Imp. Lemercier & Cie Paris

PLANCHE. IV.

Fac-Simile extraits de divers Manuscrits Syriaques

I

II

III

IV

PLANCHE V

Types Syriaques

Syro-palestinien	Nestorien	Semi-minuscule des Jacobites	Peschito
ܐ	ܐ final ܐ ܐ	ܐ ܐ	ܐ ܐ ܐ ܐ
ܒ	ܒ	ܒ	ܒ ܒ ܒ
ܓ	ܓ ܓ	ܓ	ܓ ܓ ܓ
ܕ	ܕ	ܕ	ܕ ܕ ܕ
ܗ	ܗ	ܗ	ܗ final ܗ
ܘ	ܘ	ܘ	ܘ ܘ ܘ
ܙ	ܙ	ܙ	ܙ ܙ
ܚ	ܚ	ܚ	ܚ ܚ ܚ
ܛ	ܛ ܛ	ܛ	ܛ ܛ
ܝ	ܝ	ܝ	ܝ ܝ
ܟ ܟ	ܟ final ܟ ܟ	ܟ final ܟ	ܟ final ܟ
ܠ	ܠ	ܠ	ܠ final ܠ
ܡ	ܡ final ܡ	ܡ final ܡ	ܡ ܡ final ܡ
ܢ ܢ	ܢ	ܢ ܢ	ܢ final ܢ ܢ ܢ
ܣ	ܣ	ܣ	ܣ final ܣ
ܥ	ܥ	ܥ	ܥ final ܥ
ܦ ܦ	ܦ	ܦ	ܦ ܦ
ܨ	ܨ	ܨ	ܨ ܨ
ܩ	ܩ	ܩ	ܩ
ܪ	ܪ	ܪ	ܪ ܪ
ܫ	ܫ	ܫ	ܫ ܫ
ܬ	ܬ ܬ	ܬ	ܬ ܬ

PLANCHE VI

Karschoûny du Malabar

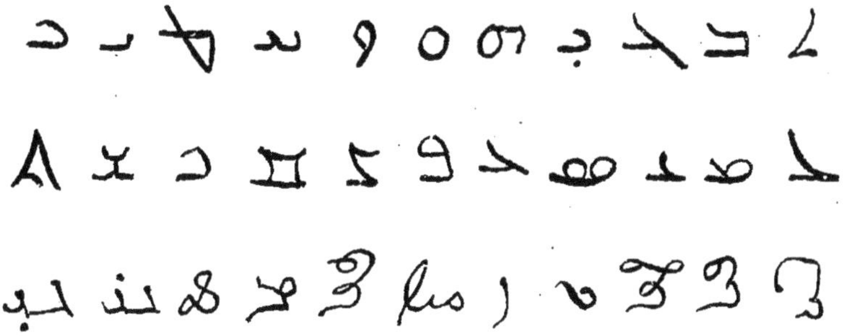

Origine des Caractères non Syriaques

Karschoûny

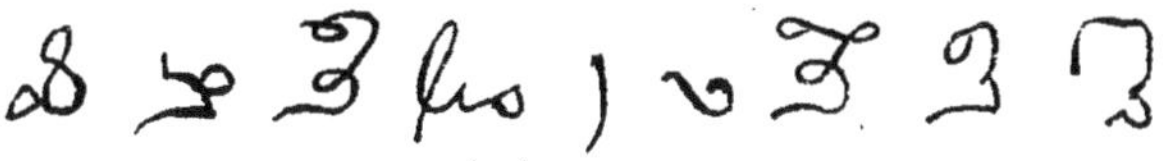

ṣh ṛ ṇ ḷ ṙ ṭ ñj ng .n

Malayalam

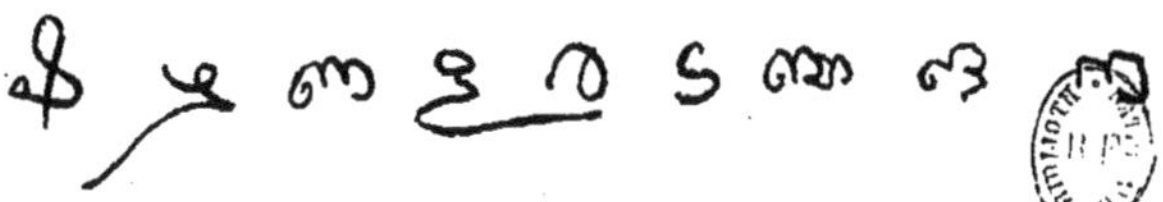

PLANCHE VII

Syriaque Nestorien		Ouigour		
Position Normale	Renversé	d'après Ahmed ibn-Arabschah	Type postérieur	Valeurs
				a
				i
				o
				j
				kh
				k
				b

s
t
d
l
m
tch
n
v
y

PLANCHE VIII.

Alphabet Mongol Galikh

Initiales	Médiales	Finales	Valeurs
			a
			e
			i
			î
			u.
			o, eu.
			au.
			k
			k'
			g
			tch
			tchh
			dj.
*	*	*	ñi.
			ṭ
*	*	*	th

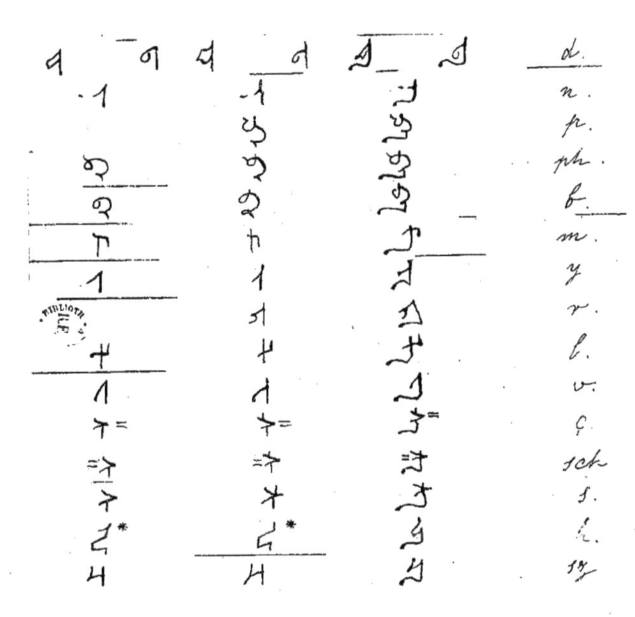
d.
n.
p.
ph.
b.
m.
y
r.
l.
v.
ç
sch
s.
h.
sz

PLANCHE IX

Mongol				Eulet			Mandchou		
Initial	Médiales	Finales	Valeu	Initiales Médiales	Finales	Valeurs	Initiales et Médiales	Finales	Valeurs
[illegible]	[illegible]	[illegible]	a	[illegible]	″	a	[illegible]	[illegible]	a
[illegible]	[illegible]	[illegible]	e	[illegible]	″	e	[illegible]	[illegible]	e
[illegible]	[illegible]	[illegible]	i	[illegible]	[illegible]	i	[illegible]	[illegible]	i
[illegible]	[illegible]	[illegible]	o, ü	[illegible]	[illegible]	o	[illegible]	[illegible]	o
″	″	″	″	[illegible]	″	u	[illegible]	[illegible]	u
[illegible]	[illegible]	[illegible]	eu, ü	[illegible]	″	eu	″	″	″
″	″	″	″	[illegible]	″	ô	[illegible]	[illegible]	ô
[illegible]	[illegible]	[illegible]	n	[illegible]	″	n	[illegible]	[illegible]	n
[illegible]	[illegible]	″	K	[illegible]	[illegible]	k	[illegible]	[illegible]	K
″	″	[illegible]	g	″	″	″	[illegible]	[illegible]	g
″	″	″	″	″	″	″	[illegible]	[illegible]	h
[illegible]	[illegible]	[illegible]	gh	″	″	″	[illegible]	[illegible]	K
″	″	″	″	″	″	″	[illegible]	[illegible]	g

Kh	Kh	h
b	b	b
″	p	p
s	s	s
sch	sch	sch
d	d	t
″	″	t
t	th	d
″	″	d
l	l	l
m	m	m
ts	tch	tch
s, ds	dj	dj
y	y	y
r	r	r
v	v	f.v

Imp. Lemercier & Cie, Paris

PLANCHE X

Alphabet et Syllabaire des Mendaïtes

lettres isolées	lettres combinées avec א	avec ו	avec י
ࡀ ࡀ	"	"	"
ࡁ	ࡁࡀ	ࡁࡅ	ࡁࡉ
ࡂ	ࡂࡀ	ࡂࡅ	ࡂࡉ
ࡃ	ࡃࡀ	ࡃࡅ	ࡃࡉ
ࡄ	ࡄࡀ	ࡄࡅ	ࡄࡉ
ࡅ	ࡅࡀ	ࡅࡅ	ࡅࡉ
ࡆ	ࡆࡀ	ࡆࡅ	ࡆࡉ
ࡇ	ࡇࡀ	ࡇࡅ	ࡇࡉ
ࡈ	ࡈࡀ	ࡈࡅ	ࡈࡉ
ࡉ	ࡉࡀ	ࡉࡅ	ࡉࡉ
ࡊ	ࡊࡀ	ࡊࡅ	ࡊࡉ
ࡋ ࡋ	ࡋࡀ	ࡋࡅ	ࡋࡉ
ࡌ ࡌ	ࡌࡀ	ࡌࡅ	ࡌࡉ
ࡍ ࡍ	ࡍࡀ ࡍࡀ	ࡍࡅ ࡍ	ࡍࡉ ࡍ
ࡎ	ࡎࡀ	ࡎࡅ	ࡎࡉ
ࡏ	ࡏࡀ	ࡏࡅ	ࡏࡉ
ࡐ	ࡐࡀ	ࡐࡅ	ࡐࡉ
ࡑ ࡑ	ࡑࡀ	ࡑࡅ	ࡑࡉ
ࡒ	ࡒࡀ	ࡒࡅ	ࡒࡉ
ࡓ	ࡓࡀ	ࡓࡅ	ࡓࡉ
ࡔ	ࡔࡀ	ࡔࡅ	ࡔࡉ
ࡕ ࡕ	ࡕࡀ	ࡕࡅ	ࡕࡉ

PLANCHE. XI

Fragment de l'Inscription d'Abouschadhr

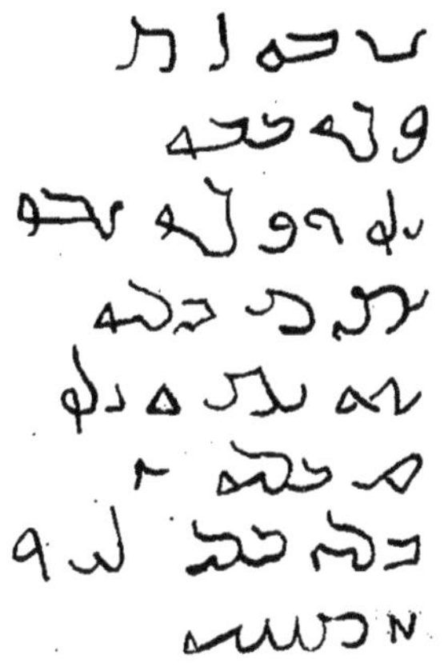

Transcription dans l'Alphabet des Manuscrits Mendaïtes

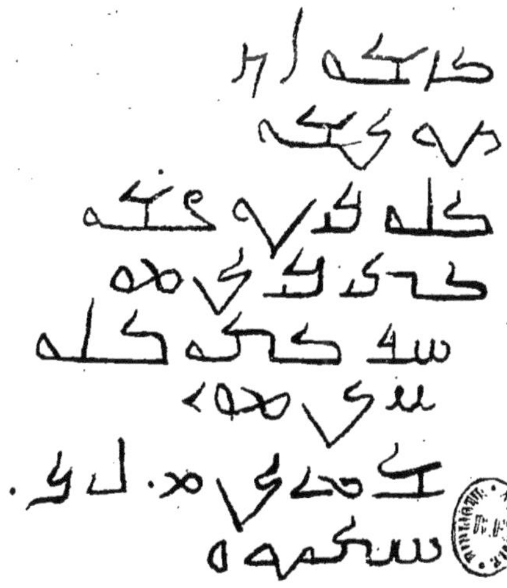

PLANCHE XII

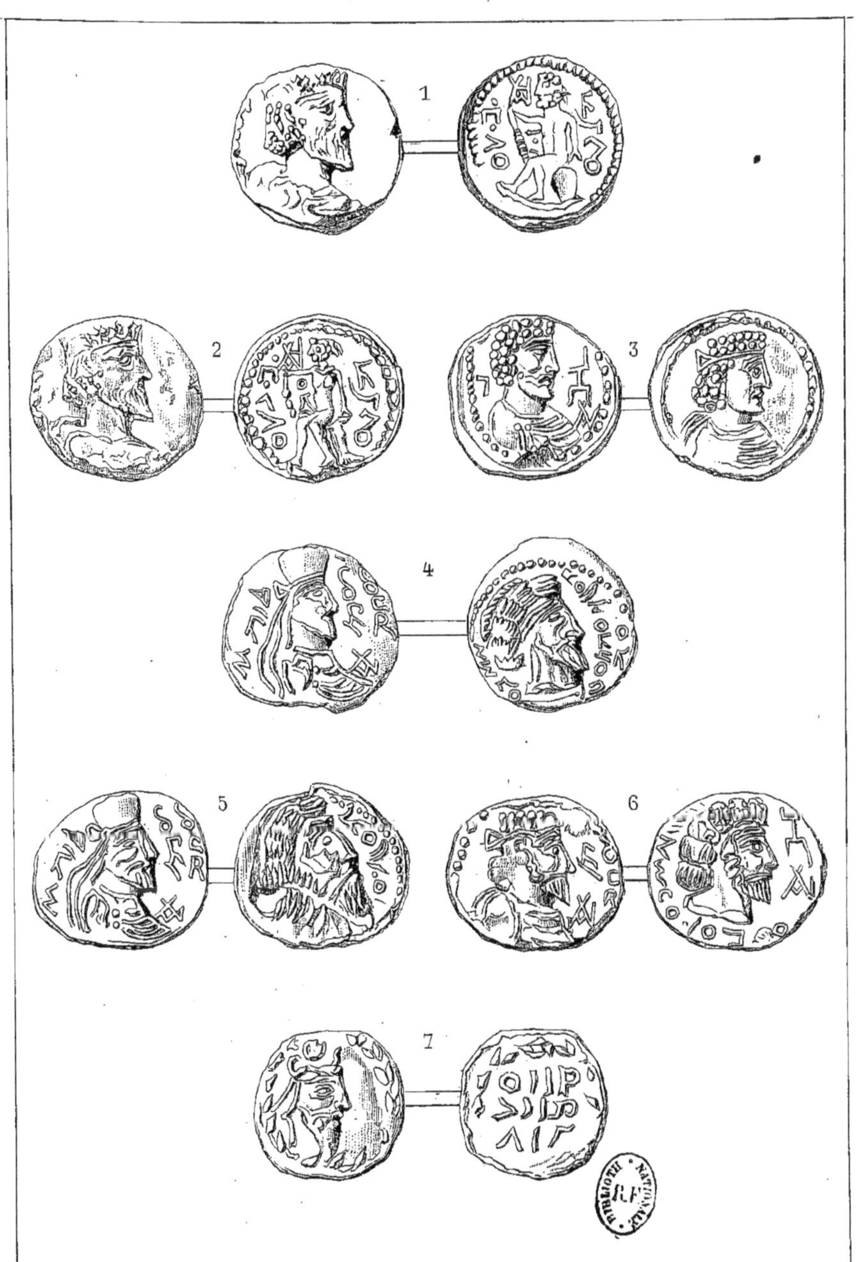

MONNAIES DE LA CHARACÈNE
ET DE L'ARABIE

PLANCHE XIV

Palmyrénien	*Auranitique*
	″
	″
″	
final	final
	″

PLANCHE. XV

Alphabet Nabatéen

60. av. J.C. Inscription	95-50. av. J. Médailles	1er Siècle ap. J. C. Médailles	Inscriptions	47 ap. J.C. Inscriptions	75-105 ap. J.C. Médailles	100 ap. J.C. Inscription	IIme V Siècles ap. J.C. Inscriptions d. Sinaï

Imp. Lemercier & Cie, Paris

PLANCHE XVI

Alphabet des inscriptions Karaites primitives de la Crimée

א	"	א	א	א	א	א	א
ב	"	ב	ב	ב	ב	ב	ב
ג	ג	ג	"	ג	ג	"	ג
"	"	ד	ד	ד	ד	ד	"
ה	ה	ה	ה	"	ה	ה	ה
ו	ו	ו	ו	ו	ו	ו	ו
ז	"	"	ז	"	ז	ז	ז
ח	"	"	"	ח	"	ח	"
"	"	"	"	ט	ט	"	"
י	י	י	י	י	י	י	י
כ	כ	"	"	"	כ	כ	"
ל	ל	ל	ל	ל	ל	ל	ל
ᵐfinal ם	מ	מ	מ final ם	מ	מ	מ ם	מ
נ initiale ן final	נ	ן "	"	נ	נ ן	נ ן	נ ן
"	"	"	"	"	"	"	ס
ע	"	"	"	"	ע	ע	ע
"	"	פ	פ	פ	פ	פ	פ
צ	"	צ	צ	צ	צ	צ	"
ק	"	ק	ק	ק	ק	"	ק
ר	"	"	ר	ר	ר	ר	ר
ש	ש	ש	ש	ש	ש	ש	ש
ת	ת	ת	ת	ת	ת	ת	ת

PLANCH

Papyrus I d

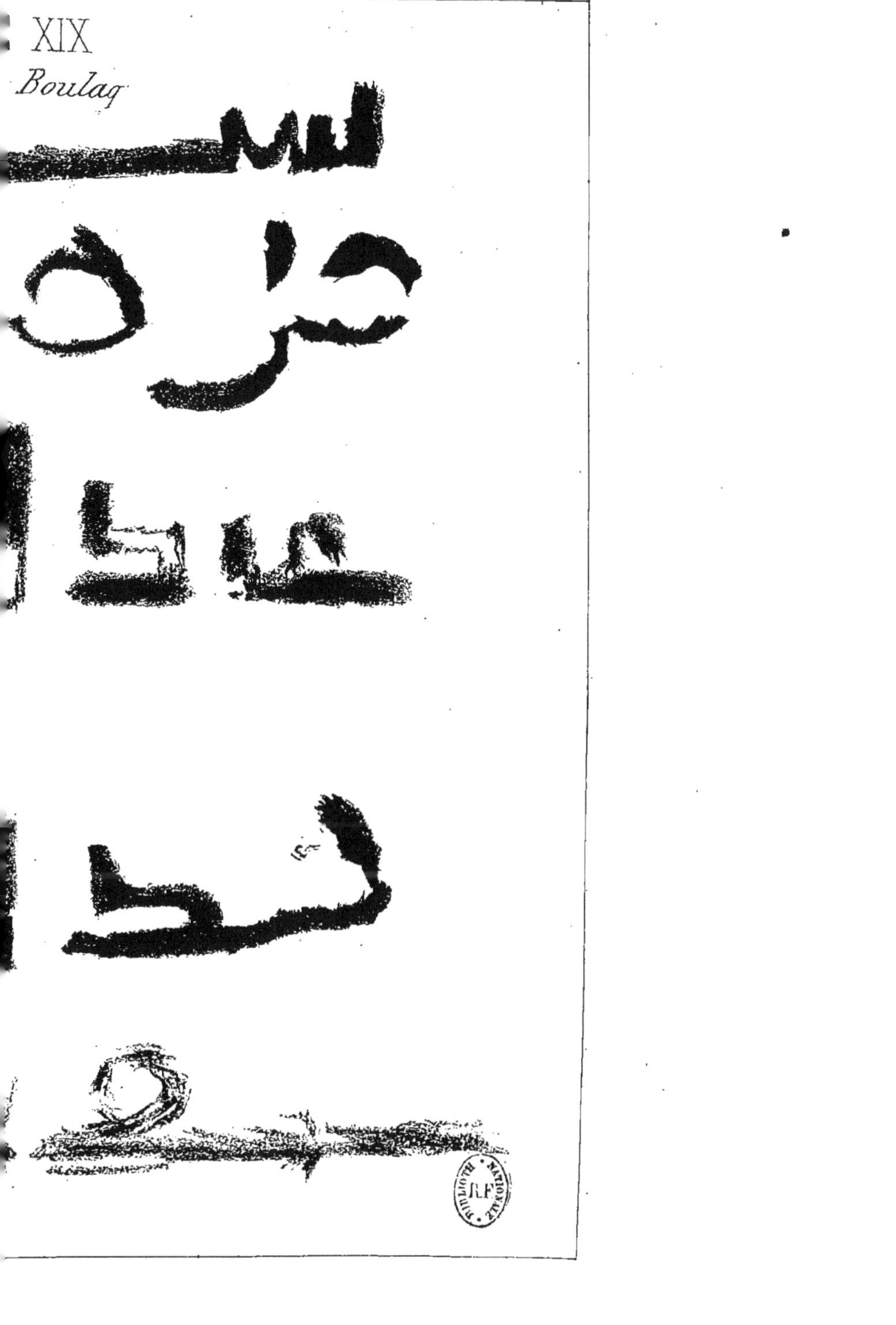
XIX
Boulaq

PLANCH

Papyrus XIV a

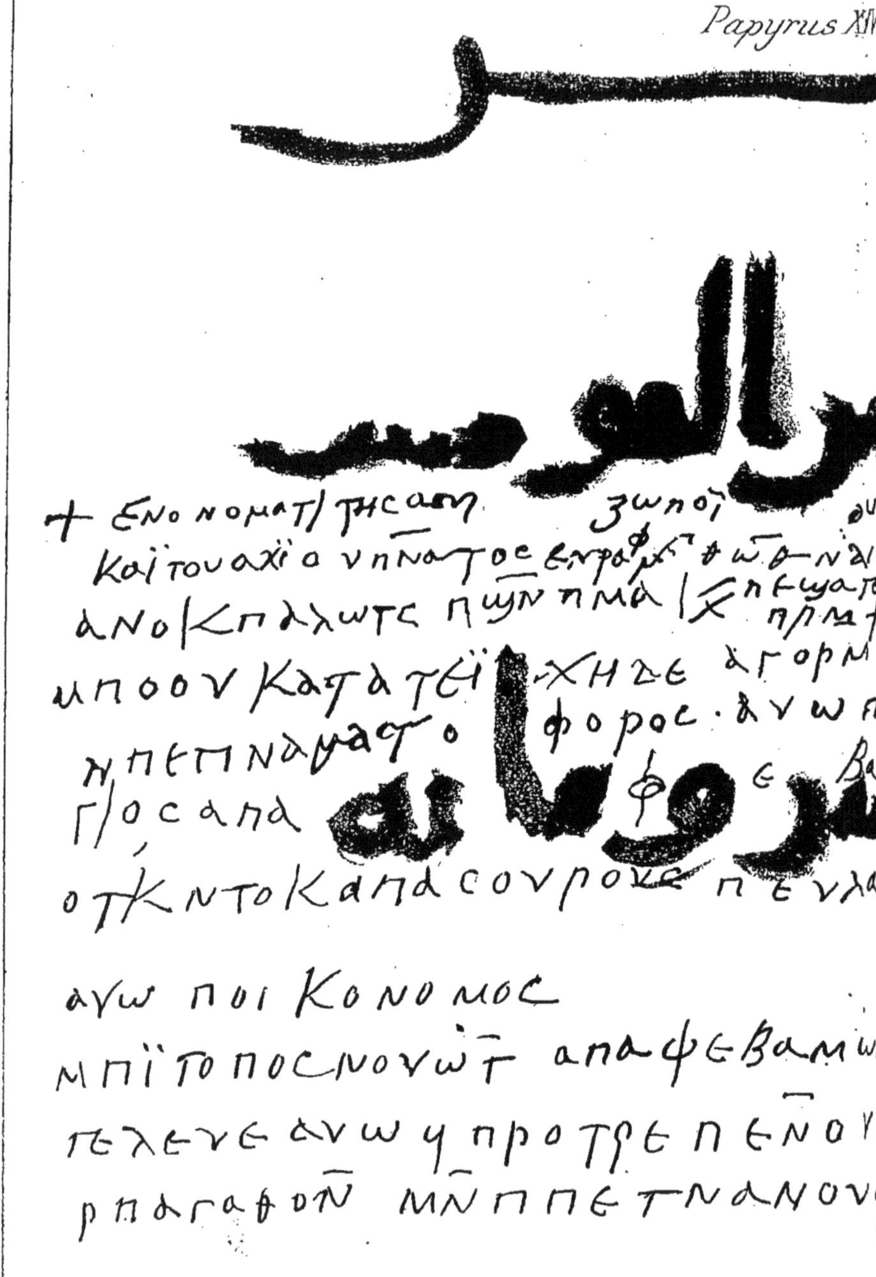

E XX

de Boulaq.

Imp Lemercier & Cie Paris

PLANCHE XXI

Papyrus XIII de Boulaq

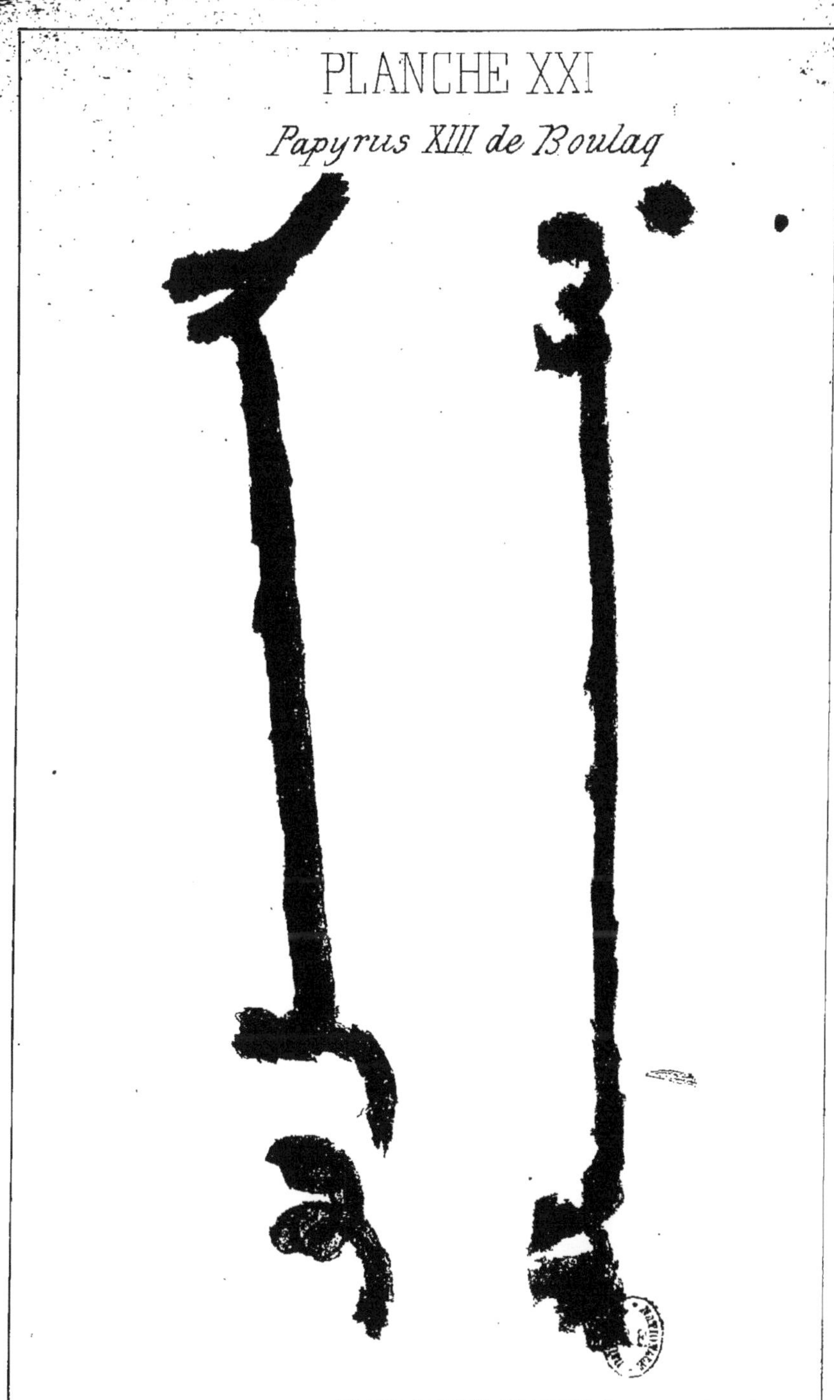

Imp. Lemercier & Cie Paris

www.ingramcontent.com/pod-product-compliance
Ingram Content Group UK Ltd.
Pitfield, Milton Keynes, MK11 3LW, UK
UKHW020952230726
13923UKWH00007B/267